谷　俊二

続・勝つための
カンボジア投資

Continuing : Investment in Cambodia to win

Shunji Tani

金風舎

仕事、人生において困難やトラブルに幾度も遭うが、
解決は目をつぶらす逃げずに果敢に立ち向かうこと以外、最良な解決方法はない。
今年、大学を卒業して社会人になる娘へ

はじめに　投資は勝たなければ意味がない！

前著『実録 勝つためのカンボジア投資』を上梓したのは、2019年3月でした。出版を24階建てタワーコンドミニアム「Jタワー2」の販売に少しは役立てようとしたのですが、出版日には完売していました。

ありがたいことに前著も海外不動産投資に関心のある多くの方に読んでいただき、予定していた部数は完売しました。とくに私と同様、アジア圏で会社経営をしている方が読者には多く、直接メールで感想を寄せてくれる方や、わざわざ本を持ってプノンペンまで会いに来てくれる方もいました。

「ルールや文化が異なる海外で不動産投資をするのはタイヘンですよね」

「ウチも○○（国名）での投資ビジネスで本当に苦戦しています……」

こういった、本の内容に共感する声を多くいただけたのは、素直にうれしかったです。

投資は勝たなければ意味がない——端的に言うと、これが前著を通じたメッセージでした。勝つためにどうするか。「How to」の話ならネットを開けばいくらでも出てきます。今ならChatGPTに聞いても教えてくれるでしょう。そうではなく、トランク一つでカンボジアに渡り、見ず知らずの土地で5年間戦ってきた私だからこそ書ける、この国で投資に勝つための心がまえやマインドを感じ取ってほしいと思ったのです。

しかし、です。そこから6年が経って、カンボジア不動産投資で「勝っている」企業や投資家がどれだけいるだろうか……？　私に言わせると、「Nothing」です！

この11年の間にも、財閥系をはじめとする日系の大手ディベロッパーが、カンボジアを含む東南アジア全体で不動産開発に次々と乗り出しています。しかし、私の目から見て、お世辞にも成功しているプロジェクトは残念ながらありません。中国系・韓国系のディベロッパーなどは論ずるに値しません。

長きにわたって5～8％の経済成長率を続けるなど、カンボジアほど有望な投資環境はそうそうありません。それなのにどこも成功していないとはどういうことか？　もしかすると、前著でのメッセージが伝わっていないのか……？　と不安になりました。

一方の私はというと、自身の手がけるコンドミニアム事業はますます好調路線をひた走っています。

２０２２年には、「Ｊタワー１」に続く43階建てのタワーコンドミニアム「Ｊタワー２」が完成。こちらも販売開始から5週間で全室が完売しました。最上階のスカイバー・スカイプールやフィットネスジムなどを完備し、国内の富裕層や、現地に駐在するビジネスパーソンから「このコンドミニアムで１日がほぼ完結します！」とご満足をいただいています。さらに、２０２３年8月には、新たなプロジェクトが始動しました。３２０メートル・77階建ての超高層コンドミニアム「Ｊタワー３」です。米ニューヨーク・マンハッタンの高級コンドミニアムにも劣らない世界最高品質のコンドミニアムが、２０２８年、カンボジアのプノンペンに誕生します。

工期遅延が当たり前のカンボジアで、進出以来11年間、工事遅延はゼロ。建設工事中の事故もゼロ。さらに投資物件としても二ケタの高利回りで運用しており、物件を購入した投資家の皆さんに好評をいただいています。

これだけの実績を次々と打ち立てる不動産会社は、カンボジア国内には存在しません。カンボジアの不動産業界ではもはや〝伝説〟となっています。

日本国内で40階を超える高層建築を手掛ける不動産開発業者といえば、三井、住友、三菱、野村といった大手ディベロッパーに限られるでしょう。11年前、スーツケース一つでカンボジアの地に降り立った神戸の下町の不動産屋が、まさかカンボジアでその仲間入りをするとは……。

ただ、自分の中ではそれほどの驚きはありません。「勝つ」ためのポイントを押さえ、やるべきことに徹していれば、このカンボジアには誰でも投資で成功する有望な投資環境があるからです。

繰り返します。投資は勝たなければ意味がありません。

前著では伝えきれなかった、その「勝つ」ためのポイントを、あらためて海外投資にチャレンジする多くの人に伝えたい。そして、このカンボジアで成功を掴んでほしい――そんな思いから、再び筆を執りました。

本書では、カンボジアという国の投資環境としての魅力・メリットをよりわかりやすく解説します。それとともに海外不動産投資にまつわるリスクやデメリット、そのリスクを回避するためのポイントにも言及します。

前著では書ききれなかった、カンボジア国内の具体的な法制度やルールなど技術的なポイントも解説します。これ一冊で、カンボジア不動産投資の基本中の基本は押さえられる内容になっています。

さらに、前著でご紹介した私の「カンボジア奮闘記」の〝エピソード2〟を本書では収めています。七転八倒、抱腹絶倒の奮闘記から、カンボジアでの不動産ビジネスのリアルを感じ取っていただければと思います。

11年前にスーツケース一つでカンボジアに降り立ってから、身ひとつで不動産ビジネスを興し、汗をかきながら実績を積み上げてきた私だからこそ語れる「真実」があります。インターネット上の有象無象の情報に惑わされない、カンボジア投資に関する正しい知識と心がまえを、縁あって本書を手に取ってくれたあなたにもお伝えしましょう。

目次｜Contents

第3章　海外不動産投資のリスク・デメリットを理解しよう

第6章 絶対役立つ! カンボジア不動産投資の着眼ポイント 129

第7章 「Jタワー2」でさらに確立したカンボジアでの地位 159

第 1 章

あなたが
カンボジア投資で
「勝てない」理由

カンボジアは「真面目にやれば必ず稼げる国」

東南アジア・インドシナ半島の南部に位置するカンボジア王国。私がこの見知らぬ地に、右も左もわからないまま単身で足を踏み入れたのは2013年のことでした。以来、10年以上にわたってこの地で不動産投資・開発事業に携わり続けています。そして、気づいたら首都・プノンペンの一等地に高級コンドミニアムを4棟建設する、現地ではちょっと知られた不動産オーナーになっています。

とくに24階建の「Jタワー1」（2018年竣工）、43階建の「Jタワー2」（2022年竣工）の2つの高級タワーコンドミニアムは、いずれも販売開始して5週間という最速で全室が完売。カンボジアの不動産業界ではちょっとした〝伝説〟になりました。国内の富裕層や駐在員たちの住居ニーズに応えるとともに、投資物件としても2ケタの高利回りを実現するなど好調をキープしています。

そして今、新たな〝伝説〟を打ち立てようとしています。それが「Jタワー」の最新シリーズ「Jタワー３」。77階建・３２０メートル。カンボジア国内で最高層建築物となるタワーコンドミニアムの一大プロジェクトが、２０２８年の完成を目指して順調に建設工事が進んでいます。

なぜ、神戸の街の小さな不動産屋にすぎなかった私が、これだけの成功をこのカンボジアで収めることができたのか？　その秘密を本書読者にお話ししましょう。

かつての内戦やクメール・ルージュ政権下での大虐殺といった悲劇の歴史を乗り越え、１９９８年から25年もの間首相を務めたフン・セン前首相のもと急速な経済発展を遂げたカンボジア。２０２３年に首相の座を息子である47歳のフン・マネットに託した今もなお、高い経済成長の只中にあります。

同国の経済成長率は、新型コロナウイルス禍に陥った２０２０年、２０２１年を除いて、この10年では5～８％台の高水準で推移。順調な貿易拡大と海外からの積極的な投資受け入れ、そして平均年齢27・９歳（２０２４年／米国中央情報局（ＣＩＡ）「The World Factbook」）という若い力が、高い経済成長を支えています。

一人当たりＧＤＰ（名目）は、私が初めてカンボジアを訪れた２０１３年の１３５７ＵＳドルから、２０２４年には２７４４ＵＳドルにまで増加（いずれも4月時点）。まさに1960年代の日本の「所得倍増計画」を地で行くような成長ぶりです。

人口は約1690万人（2023年／国連人口基金）と、東京都（約1400万人）より少し多い程度。しかし、毎年1パーセントを超える増加率で伸び続けており、国連の予測では2050年には2200万人に到達するとされています。向こう30年にわたって人口ボーナス期が続くのです。

既に人口が減少局面に入り、この四半期もの間低成長を続けている日本から比べると、羨ましいほどに「超」のつく経済成長を長きにわたって続けている。それが、カンボジアという国なのです。


これだけの経済成長期にあるカンボジアという国は「真面目にやれば誰でも投資で勝てる国」である――それが、本書を通じて私がお伝えしたいメッセージです。

画期的なイノベーションをもたらすようなテクノロジーも、斬新なビジネスモデルも必要ありません。日本から自己資金と超低金利で調達した資金を元手に、カンボジアの不動産に投資し、高利回りで運用する。シンプルに言うとたったそれだけで、高い投資効果を確実に得ることができるのです。

もう少しわかりやすい例を挙げましょう。現地銀行（SBI LY HOUR銀行）の米ドル建て1年定期預金の金利は約5％。仮に1000万円の定期預金を組んでいれば、複利運用で5年後には約300万円が労せずして手に入る、という計算です。

どうですか？　私が決して特別ではないことがおわかりいただけたでしょうか？　繰り返しますが、真面目にさえやれば誰でも加速度的な経済成長の恩恵を受け、確実に稼ぐことができる。それだけのポテンシャルがある国なのです。

ちなみに、カンボジアの首都・プノンペンの中国語の表記は「金辺」。これを私は勝手に「金が散らばる土地」と解釈しています。

カンボジアで商売をしてきた日本人の実態

でも、よくよく考えてみると不思議なものです。私が訪れるよりはるか以前の1990年代後半には、すでにカンボジアに入植し、ビジネスを興していた日本人はいました。

その当時と今を比較すると、ＧＤＰは実に約10倍に拡大しています。もはや所得倍増どころの騒ぎではなく〝所得10倍増〟です。土地に関しては今、９０００（／㎡）ドルするプノンペンの高級地では当時５００㎡の土地が１００００ドルだったらしいです。約４５０倍以上の値上がりをしています。私の顧問弁護士も「谷さん、もしあの当時に２０００万円投資していたら、円安効果も入れて今ごろ１００億円でしたね」と笑っていました。

普通に投資していれば資産が４５０倍に膨れ上がる――それこそ初期のビットコインに匹敵するほどの投資効果が見込めたのだから、本来は私以上に巨万の富を築いた日本人がいてもおかしくありません。もしそんな人が一人でもいたら、後発組の私も「すごいですねぇ！　どうやってこんなに稼いだんですか？」と教えを乞うことができたはずです。

しかし、〝先駆者〟である彼らの中に大きな資産を築いているような人は、私が見るかぎり誰一人としていませんでした。逆に、当時から裸一貫でビジネスを興した現地のカンボジア人には、今や大富豪になってロールスロイスなどの高級外車に乗っているような成功者が何人もいます。せっかくのビッグチャンスを見過ごし何もしていなかった日本人は、逆にバカにされているのです。

実際に、海外青年協力隊で90年代からカンボジアに在住、現在はある財団の理事を務める人物がいます。仮にK氏としましょう。

「Jタワー2」が完成して間もない頃、知人の紹介で、私はこのK氏に会いました。K氏は初対面の私にいきなり、「何の商売なん?」と言うのです。驚いて言葉も出ない私に、さらにK氏は「この土地は前には元々は○○であった」などとデタラメを言い続けました。土地を買った私が「違いますよ」と言っても、否定ばかり。不審に思っていると、「俺の知り合いは空手をやっている。K空手の〝牛殺し〟の弟子や」と続けます。私が空手をやっていることを知って、私からマウントが取りたくてあえてそんな発言をしたのかと、直ぐに理解しました。

要は気に入らないということなのです。カンボジアの日系人の〝大先輩〟である自分を差し置いて、ぽっと出の私がプノンペンの一等地で不動産開発のプロジェクトを進めていることを不快に思ったのでしょう。翌日、紹介頂いた方から、「K氏は負けん気が強い人ですから…」と説明を受け、二度笑ってしまいました。負けん気は結構ですが、出すところを間違っています。

「カンボジアで長年商売をしてきた有名な日本人でも、このレベルなんや……」とK氏の言動に妙に納得させられました。

「これだけの高層コンドミニアムを手掛けているとはすごいですね」「同じ日本人として私も負けていられません。お互い頑張りましょう！」などとお世辞でも言えなかったのでしょうか。人間としての器の小ささ、底意地の悪さが透けて見え、同じ日本人として情けなくなりました。同時に、こんな人間が「カンボジア進出日本人の代表」みたいな大きい顔をしているのだから、カンボジアで成功した日本人が1人もいないのも無理はないよな……と妙に合点がいったものです。

ちなみに私は大学生の時に、K氏が言うそのK空手で西日本3位、全日本にも出場しています。知らなかったのでしょうね。当たり前ですが、不動産開発と空手は全く関係ありません。

またある96年からカンボジアに移住している『K』。この人もKですが、現在はカンボジア日本人会（JACAM）の会長を7年も務める人物がいます。現地での投資・起業のコンサルティング業を営み、最近までは日本貿易振興機構（JETRO）のコーディネーターを務めるなど、「カンボジアで起業した日本人の先駆者」という肩書だけで実態のよくわからないカタカナ商売をしている、そんな人物です。HPに東南アジア各地に取引がある物流の大企業を創業し経営、関連会社多数と投稿して、そしてその企業のCEOであると自称していたK氏。日本人会会長ですが、ある私との訴訟で、HPは虚偽記載であり、関連企業は存在しない、K氏が会社のオーナーやCEOであることは証明できず、否、証明を拒み、2025年には大阪高裁で一連の経歴詐称は事実と認定されました。実態はカンボジアの元奥さんもしくはその家族の会社を自分の会社と騙っていただけでした。30年近く移住していて、自分の会社でなく、偽りの会社、社長とは情けない話です。

30年前のカンボジアといえば、長い内戦の歴史に終止符が打たれ、政情の安定化と経済復興への第一歩を踏み出した時代。いわば戦後の焼け野原のような状態であり、投資のチャンスは目の前にいくらでも転がっていたはずです。にもかかわらず、彼らは投資のリスクを冒すこともなく、カンボジアを訪れた日本人に対して真偽のよくわからない情報を売りつけるような汗ひとつかかない商売に終始している。私から言わせるとカンボジアにただ遊びに来ているだけなのです。

おとなしく遊んでいるだけならまだしも、田舎の町内会のような排他的な日本人コミュニティを形成し、私のように後から来た日本人に難癖をつけ、隙あれば足を引っ張ろうとする。まったくもって有害な存在でしかありません。

本書ではそんな彼らの実態をあげつらうのが目的ではないので、ここでは詳述は控えますが、〝先駆者〟である日本人のレベルがまるで大したことない、ということは、裏を返せば、カンボジアにはまだ手つかずのビジネスチャンスが数多く残っている、ということです。

この本を手に取っていただいた読者の皆さんは真面目で志高く、成功への意欲にあふれているはず。だから、ビジネスや投資における好条件が揃っているカンボジアであれば必ず成功を手にすることができると、私は確信しています。

カンボジア投資の失敗を招く3つの「不足」

近年では、高い経済成長率や投資・ビジネスに有利な条件などのプラスの側面が徐々に日系企業の間にも知られるようになり、大手ディベロッパーや総合商社をはじめさまざまな日系上場企業が現地での開発プロジェクトに乗り出しています。

私も仕事がら、カンボジアにビジネスや投資目的で訪れる日本のビジネスパーソンや起業家と意見交換する機会は日常的にあります。彼らは一介の不動産屋の私など足元にも及ばないほど優秀で、すでに日本で成功を収めている人、すばらしいビジネスアイデアを持っている人もたくさんいます。それなのに、私が感心するくらいの成功企業はほとんど出てこないのです。

不動産投資のマーケットを見ても、私がカンボジアに来た11年前から今日までを振り返ってみると、成功事例と言えるのはカンボジアではなく、タイである日系財閥系ディベロッパーの開発プロジェクトくらいでしょうか。この5年に限ってみれば、私たちの「Jタワー」シリーズを除いて成功したといえる日系プロジェクトは、ひいき目に見てもありません。

なぜ、日系企業の多くはカンボジア投資で勝てていないのでしょうか。私の見立てでは、大きく次の3つの「不足」に原因があります。

①現地の調査不足

②カンボジア人へのリスペクト不足

③アウェーで戦う覚悟の不足

まず「①現地の調査不足」からお話ししましょう。

読者の皆さんは、「カンボジア」と聞いて何を連想するでしょうか？「アンコールワット」「かつての内戦の名残であちこちに地雷が埋まっている」「残忍な大量虐殺があった」「慈善家が小学校を建設するような貧しい国」――こういったステレオタイプのイメージがまず思い浮かぶのではないでしょうか？

かつての私もそれくらいの知識レベルだったので偉そうなことは言えません。神戸で小さな不動産屋を営んでいた当時、お世話になっていた顧問弁護士から「カンボジアに進出し、法律事務所を開設するんです」と聞いて、私は耳を疑いました。

「カンボジア!?　危なくないんですか？　地雷は大丈夫ですか？」

そのくらい、当時の私はカンボジアという国に関してまるっきり無知。東南アジアのどこにあるのか、すら知らなかったのです。

ただ、日ごろから信頼を置いているその顧問弁護士があまりにカンボジアの話を熱心に語るものだから、いつしか私もその「カンボジア熱」にすっかり取り憑かれてしまいました。それに、この弁護士が現地にいるのなら法的なプロテクトに関しては大きな後ろ盾になる、との安心感もありました。

「よし、自分の才能がどこまで通じるかチャレンジしてみよう！」

チャレンジ精神と勢いはあっても、私は怖がりのビビりです。まずは徹底的に調査することに決め、半年間、月に1～2週間のペースでカンボジアを訪れて現地をくまなく歩き回りました。

そうして自分の目と耳で情報を集めた結果、建設と不動産という、自分がこれまで培ってきた専門分野でビジネスを興そうと決断。２０１３年12月に首都・プノンペンに不動産会社を設立することになります（この起業にまつわるエピソードは前著に書いています）。

その日から11年が経ちましたが、自分が手がけた４棟のコンドミニアムを眺めるたびに、あのときの決断は間違いではなかったと振り返っています。

見知らぬ土地を訪れた当初は、何をするにも勝手がわからず、現地事情に精通する誰かに相談し、その情報を手掛かりに行動を決めていくのは仕方ありません。しかし、他人の情報ばかりをいつまでも当てにしていてはいつまで経っても主体的な判断・決断ができません。

しかも、その他人の情報が必ずしも正しいとは限りません。もとい、カンボジアのような異国の地では、他人からの情報は疑ってかかったほうがいいでしょう。

カンボジアに限らず、アジアの新興国で事業を始めようとした場合、「○○コンサルタント」「○○コーディネーター」と称するカタカナ職業の日本人によく出会います（前述したK氏のような手合いです）。しかし、彼らのバックグラウンドを調べてみると日本でのビジネスの実績がいま一つ見えてこないことも多く、フタを開けてみると「単にその国の在住歴が長い、日本語が喋れるだけ」の人もいます。

また、カンボジアは法制度やビジネスルールが未整備なところもあり（これは大事なことなので後述します）、そこにつけ込む詐欺師のような連中もゴロゴロいます。結果、デマ情報をつかまされて大金をはたいたり、怪しい現地人を紹介されたりして後で痛い目に遭うことも往々にしてあるのです（私もかつてはその一人でした……）。

勝手を知らない環境だからこそ、他人の意見を鵜呑みにするのは大きなリスクとなります。必ず自分の目と耳で現地を確かめ、自分の頭で考えること。言葉にすると当たり前のことですが、まずはこれを徹底することがカンボジア投資の成功への第一歩です。

いまだに「東南アジア＝発展途上国」と見下す日本人

次に「②カンボジア人へのリスペクト不足」です。

カンボジアに限らないことですが、いまだに「東南アジア＝発展途上国」という先入観で、現地の人々を見下すような態度を取る日本人は少なくありません。あるいは、態度にはあからさまに出さずとも、例えば商談のテーブルにつく日系企業の社員の肩書などを見ると、「この場は課長のオレで大丈夫だろう？」といった舐めた態度が透けて見えることがあります。

カンボジア人の現地雇用でも、日系企業の現地法人にありがちなのは、トップをはじめ幹部ポストを日本人の社員が独占し、彼らを部下として雇用するパターンです。でも、自分の立場に置き換えて考えてみてください！　もし、あなたが勤めている会社が突然アメリカの会社に買収され、次の日から社長以下の役員・部長クラスのポストがすべてアメリカ人に代わり、社内での公用語が英語になって日本語は禁止され、社長はアメリカ本社の顔色ばかりうかがっている——そんな会社では誰が働きたいと思いますか？

現地でのビジネスは、当然ながら自分一人で完結できるものではありません。どんな業態であれ少なからず従業員としてカンボジア人を雇用する必要があるし、同時に彼らは商品やサービスを購入してくれる顧客でもあるということを忘れてはいけません。したがって、カンボジア人に対しては最大限のリスペクトを払い、対等な関係を築かないかぎり現地ビジネスはうまくいかない、と肝に銘じてください。

私が経営する「TANICHU ASSETMENT」では3人の副社長を置いていますが、3人とも現地採用のカンボジア人で、私の会社に長年貢献してくれている人材を登用しています。先日は首相ファミリーのある方との会食で、次の言葉をかけていただきました。

「日系企業でカンボジア人の能力を見きわめ、幹部や管理職につけているのはタニさんの会社だけですよ。カンボジア人を公平に評価してくれて我々は感謝しています」

おわかりでしょうか？　これこそが成功へのファーストステップなのです。

私は、建設現場で働いてくれるカンボジア人にも、なるべく中間業者を省くことで相場より高い給料を支払っています。ただでさえ危険が伴う高層コンドミニアムの建設現場で、厳しい納期を守りながら働いてくれるのだから、その労に報いるだけの待遇を保障するのは当然のことではないでしょうか。

現地ビジネスで問われるのは、アウェーで戦う「覚悟」

最後に、これがいちばん強調したいのですが、「③アウェーで戦う覚悟の不足」です。

カンボジアを視察に訪れる日系企業の方々から、「谷さんはどうしてカンボジアで成功できたのですか？」とよく聞かれます。そのとき、私は決まってこう答えています。

「社長自らが来ないことには、この国ではまず成功しませんよ」と。

私も仕事がら多くの日系企業と商談や取引をしていますが、大手の企業になるほど意思決定に時間がかかり、スピード感の欠如を感じる場面がしばしばあります。

日本人の私ならまだ我慢できるのですが、カンボジア人を相手に商談をする場合はそうはいきません。向こうは必ずトップがテーブルに着きます。にもかかわらず一介の課長クラスの社員が出てきて「私の一存では決めかねるので、今日は持ち帰らせていただき……」などと悠長なことを言おうものなら、こう一喝されてしまい、二度と信用してもらえません。

「なんや！　おまえ、意思決定権ないんか！」（もちろん、関西弁ではありません（笑））

トップを相手に商談するのであれば、自らがすべてのリスクを背負い、その場で決断する覚悟がなければいけません。

ましてや、40代以上のカンボジア人ともなれば、かつて少年兵として「史上最悪の大量殺戮兵器」とうたわれた自動小銃「ＡＫ47」を手にドンパチ戦っていた連中です。死と隣り合わせの修羅場を潜り抜けてきた彼らは、表向きはニコニコ笑顔を浮かべていても、ビジネスにおける胎の座り方が私たち平和ボケした日本人とはまるで違います。それこそベトナム戦争時の米軍の空挺部隊の隊長のように、隊長がヘリコプターからM16ライフルを持っていちばん先に戦場に下りて戦う——そのくらいの覚悟で挑まないと、彼らの勢いに簡単に呑み込まれてしまいます。「カンボジア＝微笑みの国」などといった浮かれたキャッチコピーに惑わされてはいけません。

しかし、多くの日系企業の社員を見ていると、そのような現地のカンボジア人とビジネスでわたり合えるだけのメンタリティが備わっているのか、正直首をひねりたくなります。

というのも、彼らの中には観光とまでは言いませんが、まるで海外赴任を楽しみに来ているかのような節がうかがえるからです。

家族を伴って来れば奥さんは駐在夫人、子どもは帰国子女。日本よりもはるかに広い住宅に住め、なんならお手伝いさんも付いている。仮にビジネスで成功できなくても、帰れる場所が日本にちゃんと用意されている。これではどんなに優秀なビジネスパーソンでも、この地に骨を埋めるくらいの覚悟を持ってビジネスに挑むモチベーションが湧きにくいのではないでしょうか？　山崎豊子の『不毛地帯』に登場する商社マンのように、国を背負うほどの気骨のあるビジネスパーソンに出会えるのは、本当に小説の世界だけになってしまったのかもしれません……。

もちろん私自身も失敗やトラブルを何度も経験しました。それこそ最初の不動産投資はランドバンキング（海外で未開発の土地を購入して長期保有し、高値になったときに売却益を狙う投資法）で、土地取得交渉の途中で情報をリークされ、現地人に先に購入されてしまうという「負け戦」から始まりました。バカにされたことも一度や二度ではありません。

それでも、単身でカンボジアに乗り込んでから10年が経過し、こうして４棟のコンドミニアムを高利回りで運用できているのは、ひとえに「絶対にこの地で成功してやろう」という覚悟があったからです。サラリーマンでの海外赴任とは異なり、異国の地で頼れるのが自分しかおらず、一人ですべて決断しなければならなかったからこそ、腹をくくることができたのです。

本書では、カンボジア投資にまつわるルールや手法など「How to」の話にももちろん触れます。しかし、その「How to」以前にまず問われるのは、この覚悟だと思います。

「海外に遊びに行くついでに投資をしてみようかな?」「ビジネスがうまくいかなくても、社会貢献のボランティアだと思えば……」などといった生半可な気持ちでは、勝てる勝負にも勝てません。禅問答のようですが、「絶対に勝てる」と言い切れるのは「絶対に勝てる」という気持ちがあればこそ、なのです。

5週間で売り切った高級コンドミニアム「Jタワー2」

日系企業、日本人がカンボジア投資で勝てない理由である3つの「不足」についてお話ししました。裏を返すと、私がカンボジア投資で成功できているのは、この3つを徹底したからにほかなりません。

2013年にカンボジアに渡ってから、5年の間に3棟のコンドミニアムを完成。とくに3棟目となる24階建てのタワーコンドミニアム「Jタワー1」は、販売開始から5週間で完売する〝伝説〟となりました。

このJタワー1が成功したことで、日系ディベロッパー「TANICHU ASSETMENT」と、私のニックネーム「JET TANI」の名前は、カンボジアの不動産業界に一躍知られるところとなりました。そのサクセスストーリーは、前著『勝つためのカンボジア投資』にも詳しく綴っているので、興味のある方はそちらもご一読ください（ニックネームの由来は、この後のコラムにも書いています）。

そこから私の「カンボジア奮闘記」もさらに5年が経過したわけですが、その5年の間に私はさらなるビッグプロジェクトを成功に導くことができました。それが、「Jタワー」シリーズの2棟目となる「Jタワー2」です。

首都・プノンペンの中心地で各国の大使館が建ち並ぶ「BKK（Boeng Keng Kang／ボンケンコン）1」地区。日本でいう六本木・青山のような一等地に、42階建て・228戸の高層コンドミニアム・Jタワー2は立地しています。

国内外の富裕層を満足させるラグジュアリーな住空間はもちろん、それだけがJタワー2の魅力ではありません。私がこだわり抜いたのは、居住者専用の充実した共用設備にあります。

屋上に設けられた、プノンペン市街を一望できるスカイバーとインフィニティプール。自分のペースでリラックスしながらトレーニングに集中できるプライベートジム。これだけのファシリティを備えているコンドミニアムは、世界中の主要都市を見わたしても数えるほどしかありません。

さらに、日本に比べて治安レベルの低いカンボジアでの生活においては、住環境の安全性の確保が不動産の価値を決めます。Jタワー2では、常に防災、防犯訓練をしているセキュリティチームによる24時間のセキュリティ体制を配備。入居審査も厳重に行い、威圧感を与えるような身なりや態度の外国人はどんな金持ちでも頑として認めません。

建設中には新型コロナウイルス禍に見舞われるなどの大ピンチもあり、一時はどうなることかと肝を冷やしましたが、当初の工期どおり2022年に完成。Jタワー

1に引き続き、販売開始から5週間で完売する超人気物件としてヒットし、新たな〝伝説〟を打ち立てました。

カンボジアの歴史を変える！　新プロジェクトが始動

Jタワー1、Jタワー2に続く「第3弾」のビッグプロジェクトとして立ち上げられたのが「Jタワー3」です。

77階建て、320メートル。あべのハルカス（300メートル）や麻布台ヒルズ・森JPタワー（330メートル）とも肩を並べる、カンボジア国内で最高層のコンドミニアムが、まさにこの本を書いている現在（2025年1月現在）、着々と建設工事が進められています。

目指したのは、Jタワー2からラグジュアリー感とファシリティをさらにパワーアップした、「5つ星」ならぬ「7つ星ホテル」クラス（ドバイには実際に「7つ星」のホテルがあるのです！）のコンドミニアム。最上階の77階にはインフィニティスカイプールとスカイバー、プライベートレストランを設置。「世界で最も高い場所にあるプール」で申請したらおそらくギネスの世界記録に認定されるでしょう。

他にもダンプバケツなどのアトラクションを備えたウォーターパーク、日本式の大浴場、ビリヤード、卓球、ゴルフシミュレーター、カラオケルーム、ボーリングレーン、住人専用レストランなど……米ニューヨーク・マンハッタンの最高級コンドミニアムにも負けないだけのアクティビティが網羅されています。

さらに、今回のJタワー3で初めて導入するのがナースステーション。居住者の健康と安全のために看護師が24時間駆けつける体制を敷いています。通常のマンションでナースステーションを備えているのは医療大国・日本にもありません。

世界の各主要都市の高級コンドミニアムを一通り見て回り、研究に研究を重ねた結果、天井の高さや窓の広さといったデザインから、共用設備、セキュリティ、使用する材料の一つひとつに至るまで、どの国の最高級コンドミニアムにも引けを取らないクオリティを、このプノンペンに実現しようとしています。ただの投資対象というだけでなく、オーナーの皆さまには実際にそこに住み、「なんだこれ！」「すごい！」と驚き、喜んでほしい。その一心で細部までこだわりと贅を尽くし、あらゆる設備を惜しみなくつぎ込みました。

この320メートル超のJタワー3が完成すれば、間違いなく首都・プノンペンのランドマークとなり、同時にカンボジア経済の発展と成長のシンボルとなるでしょう。そうなるともはやビジネスの域を超えています。プノンペンという都市、ひいてはカンボジアという国のグローバルなプレゼンスが向上する――この国の歴史を変えるほどのインパクトをもたらすビッグプロジェクトなのです。

それだけの壮大な開発プロジェクトを、ODAではなく100パーセント民間資金で、しかも上場企業でも大手ゼネコンでもない、10年前にトランク一つでカンボジアに乗り込んだ一人の不動産屋が成し遂げようとしているのです。

10年かけて築いた「カンボジア投資の第一人者」

Jタワー1、Jタワー2が相次いで成功したことで「TANICHU

ASSETMENT」は、今日ではカンボジア随一のタワーコンドミニアム事業者として、同国内で確固たる地位を築くことができています。それは、320メートルを超える超高層建設プロジェクト・Jタワー3に対するカンボジア政府の許可（最終的には首相の許可が必要）が下りたことからも明らかです。

なぜ、私のような外国人、しかもネームバリューのある大手ゼネコンでない小さな不動産屋にカンボジア政府が許可してくれたのか？　もちろん、政府の権力者がバックについているなどといったアドバンテージは一切ありません。そこにはちゃんと理由があります。

まず、創業して以来11年間、工事遅延はまったくありません。また、それ以上に誇るべきこととして、建設現場での事故ゼロを継続。安全基準の厳格な日系企業の中でも、無事故を継続している企業はほかにありません。

さらに、不動産業というのは建てた「後」が肝心です。居住するお客さまに快適に住み続けてもらうよう、建物や設備のメンテナンス、ホスピタリティの改善を常に行っています。家を建てたら30年、50年、それこそ100年はお付き合いをする覚悟で、オーナーの期待に応え続けなければならないのです。「売ったら終わり」の中国系ディベロッパーとはその覚悟と責任感が違います。

このように地道な実績を積み重ねて信頼を勝ち得てきたからこそ、カンボジア政府の信用を獲得でき、Jタワー3プロジェクトに対する許可が下りたのです。その許可をもらうに至るまでもさまざまなドラマがあったので、追ってお話しします。

私自身、まだまだ成功の途上だと思っていますが、街の不動産屋にすぎなかった私がこうしてカンボジアという国で実績と信頼を積み上げてきたのは事実であり、この国ならではの投資の魅力を誰よりも熟知し、体現してきた自負はあります。

それは、繰り返すように3つのポイント、すなわち自分の目と耳で現地の情報を集め、リスペクトをもって現地のカンボジア人と付き合い、そして何よりアウェーで戦う「覚悟」を持っていたからです。

この3つの中に、1つでも難しいことはありますか？　答えはノーです。この地で成功を掴むチャンスは、年齢、学歴、キャリアに関係なく誰にでも平等に開かれているのです。

これらのことを念頭に置いたうえで、次章からはいよいよカンボジア投資で勝つための「各論」に移っていきます。カンボジアとはどんな国なのか。なぜ投資に最適だといえるのか。カンボジア人とはどう接すればいいのか。インターネットやＳＮＳの有象無象の情報に惑わされないためにも、この国で身ひとつで不動産ビジネスを興し、汗をかきながら実績を積み上げてきた私だからこそ語れる、カンボジア投資に関する正しい知識と心がまえを、読者の皆さんだけにお伝えしましょう。

もしかしたら自分も、カンボジアで成功を掴めるかもしれない――そうワクワクしながら、次のページをめくってください。

COLUMN 1

『北斗の拳』のモデルにもなった「力が支配する国」

199X年。（中略）世界は暴力が支配する恐怖と混乱の時代になっていた――。

このような印象的なナレーションで始まるのが、『北斗の拳』。一定以上の年代の人にはもはや説明不要の、アニメの金字塔ですね。

この『北斗の拳』の舞台は、核戦争により文明社会が失われた世紀末。そのモデルの一つとなったのは、実はポル・ポト政権時代のカンボジアでした。

原作者の武論尊氏は、オフィシャルサイトでのインタビューで、実際にカンボジアのキリング・フィールド*を訪れた体験がヒントになったことを明かしています。「かつて大量虐殺が行われて、いまも頭蓋骨がゴロゴロ転がってるあの光景。そこで暴力の凄さや無残さみたいなものを見て北斗神拳が合うと思ったんだ」と。

*キリング・フィールド……カンボジアのポル・ポト政権時代に大量虐殺が行われた場所の俗称。知識人や文化人、教師な

どは反革命者であるとして、それらの人々を次々と虐殺。現地には当時の痕跡が色濃く残されており、人類の「負の遺産」として世界中にメッセージを発し続けている。

いまはカンボジアも内戦が終わり、クメール・ルージュが瓦解してから約30年の年月が経過。リアルな闘争は遠い過去の話になりましたが、それでもこの国には「力が支配する」側面がいまだに残っています。

私自身、カンボジアに来て間もない頃、そのことを身をもって知らされる体験をしたことがあります。

会社を設立した翌年の2014年5月。外国人の集まるリバーサイドのクラブで食事を終えた私は、宿泊先のホテルまで1人で歩いて帰っていました。

大通りから暗い路地へと入ったときです。カンボジア人とみられる男2人乗りのバイクが前から近づき、私の目の前でバイクを停めたのです。

不審に思った私は、直感的に察知しました。後部席の男の手に握られているのは拳銃だ、と。

そしてその瞬間、私の体は考えるよりも先に、左の前蹴りを相手に食らわせていたのです。すると、拳銃が相手の手からきれいに離れて飛んでいった。その隙に今度は、ハッとした相手のバカヤロー面にワンツーパンチ！ 完全にKOを奪いました。奴らは、私の反撃などまったく予想だにしていなかったことでしょう。

もう一人の男はあわててバイクを降り、転がった拳銃を追いかけようとします。私は幸運にも先に追いつき、拳銃を遠くへ蹴り飛ばしてやりました。

相手の態勢は拳銃を拾おうとしゃがんでいたので、その顔はローキックを入れるのに絶好の高さにあります。「よっしゃ、一発で仕留めたる！」と足を振り出したら、まさかの空振り。さらに運悪く、蹴り足の靴が脱げて飛んでいってしまいました。

これで戦いは手仕舞いと決断。孫子の兵法にもあるように、勝敗には引き際が肝心――といえばカッコいいのですが、実際にはビビってしまい、片方の靴が脱げた状態でその場から全力で立ち去ったのです。もしかすると追いかけてくる可能性もあったので、大木の陰に隠れて1時間半ほど息を潜め、その後通りがかったトゥクトゥクに乗って無事ホテルに帰り着いたのでした。

実はこの事件の1カ月ほど前、私は日本の女性の銀行員から「最近、プノンペンで昼間のレストランに日本人を狙った拳銃強盗が発生している」という情報を仕入れていました。

私は14歳からフルコンタクトの極真空手をやっていて、空手4段の腕前。自宅のある神戸では無償で空手を子どもたちに教えていました。銀行員から話を聞いて以来、いつ拳銃強盗に襲われてもいいように、銃口を向けられる前に拳銃を蹴り飛ばすシミュレーションを何度も繰り返していたのです。その場面がまさに現実に訪れ、幸いにして事前のトレーニングが活かされた形になりました。

この2人組の拳銃強盗を撃退した〝武勇伝〟が広まり、私はいつしか、アクション俳優のジェット・リーにあやかって「ジェット谷」と呼ばれるようになりました。

私が開発・運営する「Jタワー」シリーズの「J」は、実はこの「JET」が由来となっています。しかし、今では「JAPAN」――日本代表のつもりで、この力が支配する国・カンボジアで日々奮闘しています。

第 2 章

これだけある！
カンボジア投資を
お薦めできる理由

カンボジアの民主化と復興は日本が支えた

カンボジアがどこにあるか、読者の皆さんは答えられますか？　先に白状しておきますが、11年前の私は恥ずかしながら知りませんでした。

カンボジアはインドシナ半島の中央に位置し、タイ、ラオス、ベトナムと国境を接しています。国土は約18・1万平方キロメートルで、日本（37・8万平方キロメートル）の半分弱に当たります。

カンボジアを語るうえで、ポル・ポト元首相が率いた政治勢力、クメール・ルージュ政権（ポル・ポト政権）による大量虐殺の「黒歴史」は避けては通れません。

戦後、ベトナム戦争をきっかけに生まれた過激共産主義のポル・ポト派は、国内でみるみる勢力を拡大。1970年のクーデターを機に、アメリカの支援を受けた当時の政権（ロン・ノル政権）と中国の支援を受けたポル・ポト派による「カンボジア内戦」が激化します。

1975年にはクメール・ルージュが首都・プノンペンを陥落させて新政権を樹立し、そこから農村部での強制労働や虐殺により170万人から180万人ともされる自国民の命が失われました。実に、カンボジア国民の5分の1がこの数年の間に喪失したといわれます。

この大虐殺は20世紀最悪の人道に対する罪の一つとされており、2018年には国連の支援する法廷で、クメール・ルージュ政権の高官2人に集団虐殺の罪で有罪判決が下され、2022年に一連の裁判プロセスは終結しています。

映画『キリング・フィールド』（1985年）にも当時の大虐殺の様子が克明に描かれているので、興味のある方はそちらも観てみるといいですよ。

1979年にクメール・ルージュ政権が陥落してからも政情不安が続いていたカンボジアは、1990年代に入って民主化への第一歩を踏み出します。1993年、国連カンボジア暫定統治機構（UNTAC）の下で総選挙が実施され、カンボジアは、民主主義と市場経済を軸とする立憲君主国へと生まれ変わりました。日本政府も政府開発援助（ODA）でこれまで600億円を超える援助（うち無償資金協力が469億円）をしています。

また、1992年には日本の自衛隊が初めて、国連平和維持活動（PKO）に参加するためにカンボジアに派遣されました。日本は主要援助国の中でカンボジアに対する第1位の援助国であり、長きにわたってカンボジアの復興と発展を支援し続け、友好関係を築いていています。事実、今でもカンボジアと聞いて「ODA」や「PKO」を連想する人は多いでしょう。

日本の支援は資金援助だけではなく、技術支援、地雷対策支援など多岐にわたります。中でも特筆すべきなのが、カンボジアの法整備を支援し、民法や民事訴訟法の起草に携わってきたこと。これはカンボジアで不動産投資を行ううえでも重要なポイントなので、追って詳しく解説します。

ちなみに、UNTACの事務総長特別代表としてカンボジア和平に努めた人物が日本人の明石康さん。カンボジアと日本には、浅からぬ縁があるのです。

平均年齢27・9歳！ ＡＳＥＡＮでは3番目に若い国

カンボジアの平均年齢は27・9歳（２０２４年／米国中央情報局（ＣＩＡ）「The World Factbook」）。これは平均年齢が総じて低いＡＳＥＡＮ諸国の中でも、ラオス（25・4歳）、フィリピン（25・7歳）に次ぐ若さです。

カンボジアの人口は１６９４万人と、日本（１億２４３５万人）の約7分の1。ただし、人口1万人あたりの国土面積に換算すると、日本より実に３・５倍も広いのです。そこからもこの国のポテンシャルがうかがえます。

国連の推計によると、２０５０年には人口は２２００万人に到達する見込み。高度経済成長下で所得も年々上昇しています。所得が上がるに連れ教育費がかさみ、首都プノンペンでは少子化も始まっていますが、向こう30年近くにわたって人口ボーナスの恩恵を受け続けられるのは、ビジネス上も大きなアドバンテージであることは間違いありません。

カンボジアの人口ピラミッド

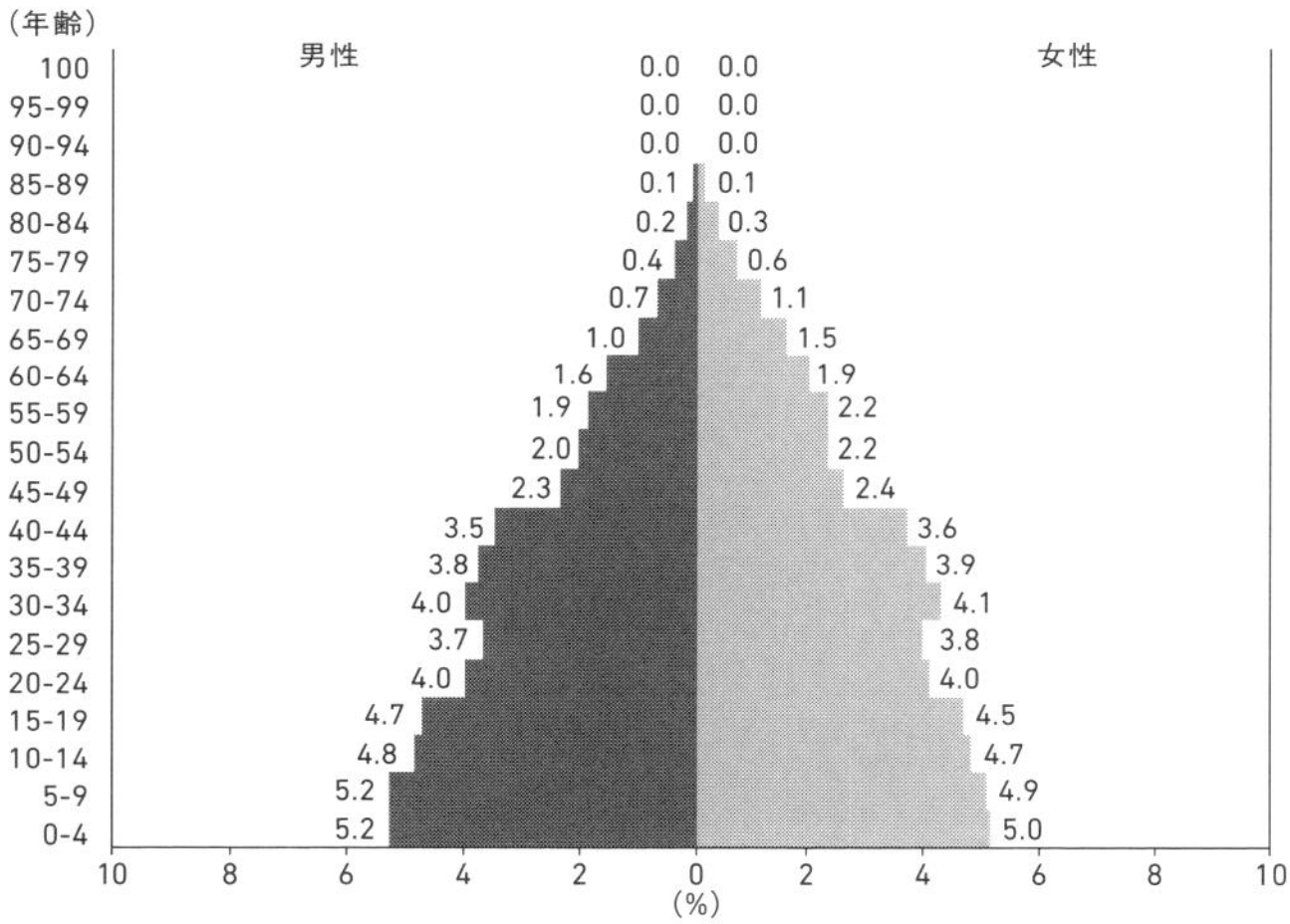

出典：United Nations, Department of Economic and Social Affairs© 2024
by PopulationPyramid.net

カンボジアの人口ピラミッドを見ると底辺の広い三角形をしています。日本でいうとちょうど高度経済成長期の昭和30年代にそっくりです。とくに40代後半以降の人口は極端に少なくなっています。理由は前述のとおりで、長きにわたる内戦とクメール・ルージュによる大虐殺で彼らの親にあたる世代の多くが被害に遭ったためです。20年も経てば、この人口ピラミッドの底辺にいる10〜20代の若い世代がこの国の経済をけん引する主役になることでしょう。

医療制度も充実が図られており、交通インフラの発達で高度治療が必要な時はベトナム、ホーチミンやタイ、バンコクにまでバスで出向くことができます。平均寿命（現在は69・9歳）ももっと上昇していくでしょう。

経済成長率は5％以上！

かつてはＡＳＥＡＮ諸国の中でもインドネシア、マレーシア、フィリピン、シンガポール、タイ、ベトナムの「ＡＳＥＡＮ６」と呼ばれる主要国の後塵を拝していたカンボジア。しかし、この10年の経済成長率は、新型コロナウイルス禍に陥った２０２０年、２０２１年を除くと5～8％台の高水準で推移しています。

カンボジアの経済成長を牽引する大きなファクターが、海外からの民間投資。

日本貿易振興機構（ＪＥＴＲＯ）の「カンボジアの貿易投資年報」によると、２０２３年の対内直接投資額（適格投資案件［ＱＩＰ］ベース）の国・地域別割合では、中国が全体の80・1％と実に8割を占めています。台湾、香港を加えた中華圏で見ると、全認可額の87・7％に上り、投資元国が中華圏に集中している構造が見てとれます。

カンボジアの経済成長率の推移と予測（2020年～ 2029年）

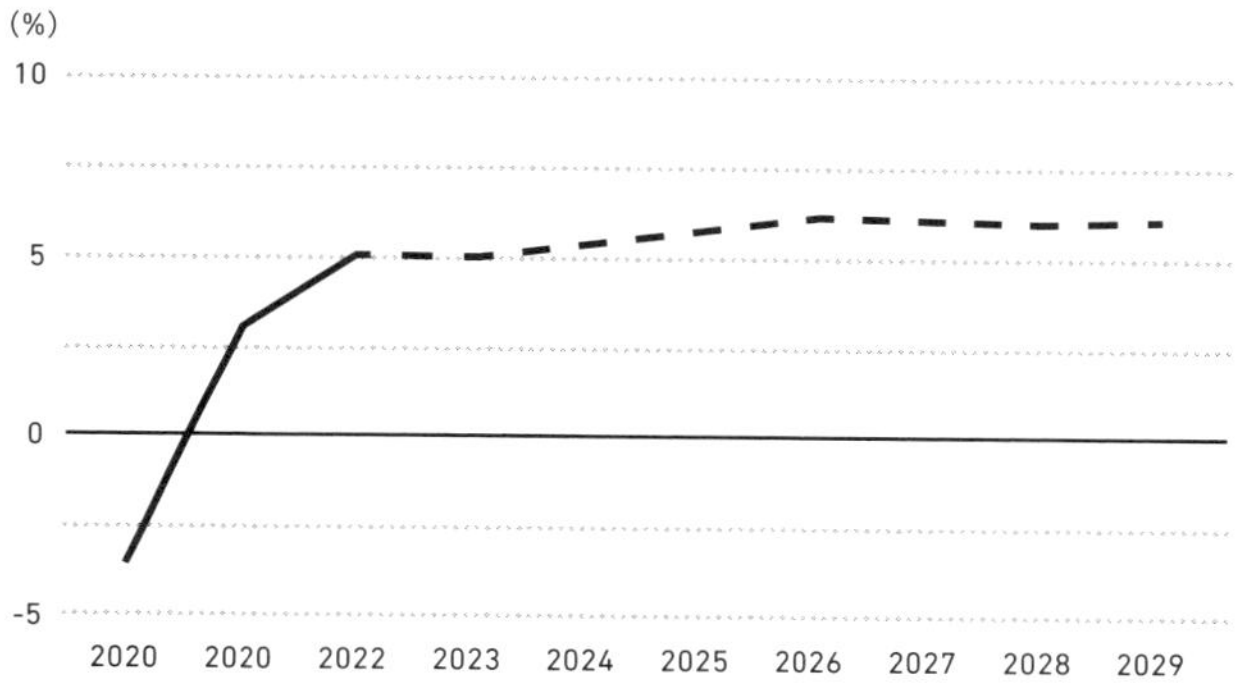

出典：「世界経済のネタ帳」より

２０２３年の日本企業に対するＱＩＰ認可件数は1件のみでしたが、その他の投資案件については日本食レストランを含め、消費者向けの商品やサービスを提供する企業の進出は増加しているようです。日本食レストランの数もかなり増えています。

中国をはじめとする中華圏への貿易・投資依存度が高いのは少し気になるところですが、カンボジア政府は特定国からの投資に偏らないように、より多くの国・地域、セクターからの投資を呼び込もうとしています。

２０２３年12月、フン・マネット首

相は「日ＡＳＥＡＮ特別首脳会議」出席のため初来日しました。その際も「カンボジア投資セミナー」で自ら基調講演を行い、カンボジアの投資先としての魅力を訴えています。このようにトップセールスに力を入れている動きも、これからカンボジアでのビジネスを検討する日本人や日系企業にとっては追い風といえるでしょう。

自国通貨のほかに「USドル」が流通している？

カンボジア経済のユニークな特徴の一つとして「USドルが市中で流通している」ことを挙げないわけにはいきません。

カンボジアの自国通貨はリエル（Riel）です。現地では硬貨の発行は停止されており、50リエル〜5万リエルの20種類近くの紙幣が流通しています。

ところが、現地で流通する通貨の8割以上が、実はUSドルなのです。

USドルが流通する理由として、前述したクメール・ルージュ政権下での内戦や政治的混乱によってリエルの信頼性が著しく低下したことが挙げられます。

リエルは、フランス領だった1953年に発行されました。しかしながら、

１９７０年代後半のクメール・ルージュによる大量虐殺時代に、原始共産制の名のもとに貨幣を使用した商習慣がすべて廃止されてしまいました。

その後、ベトナム軍侵攻後の１９８０年にリエルは復活。しかし今でも非常に価値が低く、１０００リエルでも日本円で40円程度（２０２５年1月現在）の価値しかありません。貿易など外国企業との取引の際に不利となるため、カンボジアはリエルではない「強い通貨」であるＵＳドルに依存する必要があったのです。現在はカンボジアの中央銀行であるカンボジア国立銀行（ＮＢＣ）が、リエルの対米ドルレートを安定させるように管理しています。

アメリカ国内でＵＳドルを稼ぐということは非常に難しく、能力がいることですが、私はこの国で安定してＵＳドルを稼がせてもらっています。

カンボジアは最貧国を脱したばかりの発展途上国。まだまだ国のインフラ整備を必要としている段階で、先進国に比べて多くのビジネスや投資機会があります。ものは考えようですが、法制度やインフラが完備している先進国と比べてもカンボジアのほうがドルを稼ぎやすい環境があるといえるのではないでしょうか？

デジタル化が「カエル飛び」で進展！

カンボジアでは20代・30代の若者が消費者のマジョリティを占め、経済を引っ張っています。それを象徴する例として、同国では２０１２年にスマートフォンの普及率が１００％を超えました。カンボジアは世界で初めて、携帯電話の契約者数が固定電話の契約者数を上回った国といわれています。

このようにデジタル化が世界でも一足飛び、二足飛びくらいの勢いで進展しているカンボジアでは、ＱＲコード決済も広く普及しています。

カンボジア国立銀行は、自国通貨リエルの使用を促進することを目的に、リエルとＵＳドルの共通のＱＲコード（ＫＨＱＲコード）の普及に取り組んでいます。

プノンペン市内のレストランや店舗では、ＱＲコードが利用できるのは当たり前。私自身カンボジアでは「現金いらず」の生活にどっぷり浸かっています。唯一プノンペン国際空港の駐車場一時利用は現金なので、時折うっかりカンボジアリエルを持っておらず焦ることがあるのですが……。

また、ブロックチェーンを利用した決済システムも世界に先駆けて進んでいます。ＮＢＣが主導するデジタル通貨「バコン」は、カンボジア国内最大の商業銀行を含む９つの銀行や決済事業者と接続。ある報道によるとバコンを利用するために必要な電子ウォレットの開設数は２０２３年12月中旬に１０００万を超えたそうです。ブロックチェーンを活用した中央銀行デジタル決済の実用化としてはカンボジアが世界初といわれています。他国よりも法整備が遅れているぶん、カエルがぴょんと飛び越えるくらいの「リープフロッグ」の勢いでデジタル化が急速に普及している。そのことからも、この国のビジネス環境としてのポテンシャルの高さがうかがえるでしょう。

国全体が〝経済特区〟！　送金規制が緩やか

カンボジアは国内・国外への送金規制が驚くほど緩やかです。対外直接投資、証券投資、対外借入・貸出、預金勘定取引、利子・配当・利益などの対外送金に関して特段の規制や許認可はありません。

さらに、USドルが流通している恩恵として、外国人でも簡単に銀行口座を開設することができます。ネットバンキングで送金手続きをすれば、当日または翌日には着金が完了。いわば、国全体が経済特区のようなものなのです！

現在カンボジアからネットバンキングで日本に送金すると、当日に日本で着金が確認できます。反対に日本の銀行の外貨口座から日本の銀行の外貨口座に振込すれば、1週間かかります。また「中国、ベトナムにある金をカンボジアに移動させたいのだが何とかならないか？」という相談をよく受けます。もちろん、私達はできませんとお断りしていますが、海外からお金を移動させることは、基本的には非常に難しいのです。

カンボジアで事業や投資を行いやすいもう一つのメリットとして、外国資本100％の法人が設立できることが挙げられます。

アジア・東南アジア諸国では、業種などにもよりますが、大半が現地法人・個人51：外国法人・個人49の割合で合弁企業をつくらなければならないといった規制があります。

ビジネスが軌道に乗ってきた矢先に、51％のパートナーが会社の乗っ取りをかけてくることや、一方的に増資を仕掛けてきて結局会社を渡さざるをえなくなる、といったケースを読者の皆さんも聞いたことがありませんか？　ビジネスでの主導権がとれないと、先々こういった困難に直面するリスクが高まるのです。やはり仕事というのは主導権を握る「頭」が2つあるとうまくいかないものです。

ただし、不動産事業・投資に限っていうと、土地を取得するためには外国資本100％ではムリで、現地法人・人との合弁会社を設立する必要があります。この点はとても重要なので、追って詳しく解説します。

カンボジアの法律は日本人がつくった？

法制度の面でも、カンボジアは外国人がビジネスや投資を行ううえで非常に適しています。とくに、日本人にとっては大きなアドバンテージがあります。これは、カンボジアの法制度が、日本のＯＤＡを通じた支援によって整備されたからです。

1970年代のクメール・ルージュ政権により原理的な社会主義が提唱されたことで、それまでの価値観はすべて否定されました。そして多くの知識層が粛清され、国家機能は著しく停滞しました。司法分野もその一つであり、政権崩壊後まで生き延びた法律家は10人にも満たなかったそうです。

そのカンボジアからの要請にもとづき、日本はJICA（独立行政法人国際協力機構）による支援の枠組みのもと、1990年代の終わりから法務省、最高裁判所、日本弁護士会などが中心となって法制度整備支援プロジェクトを進めてきました。

とりわけ力を注いだのが、民法・民事訴訟法の立法支援です。日本が起草支援した民事訴訟法は2006年7月に成立し、翌年の12月には民法が成立しました。

そのため、カンボジアの法律には日本の法律と酷似している点がとても多く、私たち日本人にとっても理解しやすい法体系になっています。

例えば、カンボジアの不動産（土地・建物）には個人・法人の所有権が認められています。ほかの東南アジア諸国や中国などの場合、土地の権利は国家に帰属し、国から借地権という形で権利を買う形になりますが、カンボジアでは日本と同様に「自分のもの」になるのです。これは、とりわけ不動産ビジネスを展開するうえでは大きなメリットとなります。

見た目とは裏腹に、臆病な私が「よし、カンボジアで不動産ビジネスを立ち上げよう！」と決意できたのも、この日本の法制度がカンボジアの法制度のベースとなっており、理解がしやすかったことが大きな決め手となりました。

借地借家法がない？「大家最強」の国

最後に、不動産投資に関連する大きなメリットを一つ挙げましょう。

カンボジアでは、賃借人を保護するアパートメントの法律がまだまだ十分に整っていません。いわゆる日本でいう借地借家法がないのです。

日本の場合、家賃が支払えなくなると、契約書上は2カ月の滞納は即解約、退去しなければなりませんが、出ていかなくても裁判所の執行命令が出るまで入居し続けることができます。賃借人に過失があっても、約6カ月を経過してからでないと裁判も起こせないし、追い出すこともできない。また、普通賃貸借契約だと、契約書では家主側から解約通知を出しても賃借人が同意しない限り、裁判を起こさないと退去させることができません。

ところが、カンボジアでは契約遵守は絶対です。借主・貸主の関係は、契約上はイーブンですが、借主を保護する法律がないぶん、貸主が事実上強い立場にあります。「大家最強」なのです。

アメリカで不動産投資をしている友人がいるのですが、彼は所有していたニューヨークの物件を、ガラの悪いゴロツキばかりに住みつかれてしまい、6カ月間、1セントも家賃が入ってこなかったそうです。結局、わずか6カ月で手放すことになりました。

また、ある友人は購入した米国物件の家賃滞納者と訴訟沙汰になってしまい、2年がかりでなんとか退去させることができたといいます。

アメリカの弁護士を描いたテレビドラマ「SUITS」でも、賃借人から「部屋の中のカビで病気になった」と家主が訴訟を起こされるシーンが出てきます。アメリカは訴訟社会で、しかも報復的慰謝料請求ができる国なので、ひとたび訴えられると目が飛び出るような高額請求がされるリスクもあります。

一方、カンボジアでは不良外国人や家賃滞納者などは貸主の権限ですぐに追い出すことができます。オーナーである貸主が強い権限を持ってアパートメントを経営できることは、非常に大きなメリットです。所有者の権限より賃借人の権利保護の側面が強い日本やほかの先進国と比べると、カンボジアはアパートやコンドミニアム経営においては最適な国であるといえるでしょう。

COLUMN 2

プノンペンは「金辺」――金が散らばった土地

カンボジアの首都プノンペン。その「プノンペン」という字は、中国語でどんな漢字を当てているかご存じですか?

答えは「金辺」です。

「金」という字は言うまでもなく「gold」「money」。「辺」という字は周り、すなわち「land」「around」を意味します。つまり、「金辺」とは「gold land」、「金が散らばる土地」という意味になるのです。

その「金辺」ことプノンペンにおける中心エリアが「ボンケンコン区」。現地ではBKKとの略称で知られ、カンボジア不動産投資でも真っ先に注目されるエリアです。

BKK1、2、3とエリアが分かれるなかで、とりわけ高級街区がBKK1です。

約1キロメートル四方という小さなこのエリアの南側は「大使館特区」とも呼ばれており、日本大使館を含む各国の大使館が点在するエリアで、さしずめ日本でいうところの港区六本木や青山に相当するエリアです。

その特性上、多くの外資系企業やNGO施設、国連施設などの本拠地となっており、外国人駐在員や現地の富裕層が多く居住しています。そして、その富裕層を顧客とするお洒落なカフェ、世界各国の高級レストラン、インターナショナルスクール、ホテルなどが集中しています。高級コンドミニアムも多く建っており、私が手がけたJタワー1、2もこのBKK1に立地しています。

もっとも中国語の「金辺」は単なる当て字で、そこに意味はありません。しかし、私は2013年に初めてプノンペンを訪れたとき、このプノンペンがまさしく「金辺」――お金が散らばっている土地、に見えたものです。

以来、10年以上にわたりこのプノンペンで稼がせてもらっているので、その「金辺」は間違いではありませんでした。そして、これからも「金辺」であり続けるでしょう。ただし、やり方を間違えなければ、の話ですが……。

第 3 章

海外不動産投資のリスク・デメリットを理解しよう

「物件が完成しない」リスクとは？

前章では、カンボジアが投資先として最適といえる魅力やメリットをお話ししてきました。「なるほど、そんなにポテンシャルのある国なんだ」「制度上も海外事業・投資のアドバンテージがあるんだな」とポジティブなイメージを持っていただけたことと思います。

ただ、海外投資、とくに不動産投資にはリスクが付き物です。そのリスクを事前に理解し、備えておくことが、海外投資の成功確率を高めます。

そこで、本章ではカンボジア不動産投資のポジティブな側面だけでなく、リスクやデメリットにも触れておきます。

私の11年の経験にもとづく、カンボジア不動産投資の主なリスク・デメリットは次の5点です。

① 物件が完成しない

②銀行からの借り入れができない
③物件管理のコストと負担がかかる
④為替リスク

まず、いちばんのリスクとして挙げるのは「①**物件が完成しない**」です。

成長著しいプノンペン市内では、多くのコンドミニアムの建設が進められていますが、いつまでたっても完成の見込みが立たず、「工事中」の看板を掲げたまま無残に放置されたコンドミニアムをちらほら見かけます。

中には私がカンボジアに進出する前に着工して、11年後の今もまだ完成していない物件すらあります。

最も不名誉な事例といえば、首都プノンペンの中心地に２００８年から放置されている「ゴールドタワー42」。韓国系企業による42階建てのツインタワープロジェクトで、当時は「カンボジア版・六本木ヒルズ」などと注目を集めました。ところが、10年以上もの間放置された挙句、２０１８年からは中国系企業に引き継がれました。２０２５年の今もなお未完成のままです。

せっかく購入した物件が、完成するかどうかわからない？　そんなアホなことがあるの？　と驚く人もいるでしょう。ただ、最近では中国の不動産バブル崩壊やデフォルト（債務不履行）に関する報道もあり、感度の高い人は海外不動産のリスクについていくらかの情報を得ているかもしれませんね。

なぜ工事が大幅に遅延し、いつまでたっても完成しないのか？　最大の理由は、販売不振によるプロジェクト進行資金難です。

これは、「プレビルド方式」と呼ばれる分譲コンドミニアム建設スタイルが大きな要因になっています。プレビルド方式とは、建物が完成する前に不動産を購入する方法のことで、売買契約時の手付金と最終支払いの間の中間金を分割で支払うものです。東南アジアのコンドミニアム売買では、一般的に広く取り入れられています。

事業者にとってのプレビルド方式のメリットは、物件の完成前に販売代金の大半を受け取れることです。その資金をコンドミニアムの建設費に充当できるのでプロジェクトの資金繰りがスムーズになります。

ただし、それはあくまで販売が好調な場合の話です！　売れ行きが悪ければ販売代金が集まらず、逆に事業資金がショートしかねません。最悪のケースではコンドミニアムの建設を中止せざるをえなくなります。

工事がストップすると、真っ先にそのしわ寄せを受けるのが現地の下請け業者です。私たちが仕事を発注している下請け業者も、他社物件の工事をいくつも掛け持ちしています。ある会社の工事で施工費の未払いが発生すると、下請け業者が人件費を払えなくなります。給料をもらえないと、その業者のワーカーたちは私たちの建設現場にも来なくなってしまい、こちらも足を引っ張られてしまうのです。

4棟のコンドミニアムの施工実績がある「TANICHU ASSETMENT」でも、工期が遅れそうになるトラブルに何度も直面しました。場合によっては、私たちが下請け業者の資金不足を補填してあげたこともありました。

1棟目の「Jシティ」建設中に、下請け業者の若手社長から施工費の50％を支払ってもらえないかと申し出を受けたことがあります。理由を尋ねると、彼は「ほかの現場からの支払いが滞っていて資金繰りが苦しいのです……」と窮状を打ち明けてくれました。

正直に話してくれたその若手社長を私は応援してあげたくなり、「工事と一緒で資金繰りを管理するのも君の仕事だよ」と注意しつつ、一部を補填してあげたのです。

この経験は、他社工事の二次被害で工事が遅延しかねないリスクと、そのリスクを承知のうえで工期をコントロールすることの重要性を知ることができた点で、私にとっても大きな学びになりました。

ちなみに、私の手がけた開発プロジェクトでは、これまで完成予定に遅れたことは一度もありません！　10年以上にわたって工期を厳守している開発業者は、私たち「ＴＡＮＩＣＨＵ　ＡＳＳＥＴＭＥＮＴ」だけ。それには、ちゃんと秘訣があるのです……。この本でも追々ご紹介しますね。

参入障壁が高いのは逆にチャンス！

次に「②銀行からの借り入れができない」は、海外不動産投資のデメリットとしてよく挙げられます。カンボジアももちろん例外ではありません。

国内の金融機関はいずれも海外不動産投資に対する審査基準が厳しいため、海外の投資用物件を購入する際は現金での購入が基本となります。したがって、海外不動産投資ができるのは、資金力がある人に事実上限られます。

私の場合、1棟目の「Jシティ」を建設する際、幸いにも地元自治体の兵庫県が信用保証協会、金融機関との協働で創設した「海外事業融資制度」の審査に通り、同制度の第1号案件として2億円の融資を受けることができました。そのときも金融機関とのやりとりは一筋縄ではいかなかったのですが、意外なことに兵庫県の担当者が大きな後ろ盾になってくれました。その顛末は前著『勝つためのカンボジア投資』に収めているので興味のある方はぜひご一読ください。

ただし、これは今から10年以上前の話であり、同じ手は使えないと考えたほうがよいでしょう。

不動産投資のレバレッジを最も効かせられる銀行からの融資が受けられず、現金がある人しか参入できない――厳しい現実ですが、私は、メリット・デメリットはコインの裏表で見るべきだと考えます。

逆にいうと、参入障壁が高いだけにまとまった現金が用意できる人は海外不動産投資では大きなアドバンテージを手にできる、ということ。カンボジアでの不動産投資で神様が微笑んでくれる確率は高いのです。

「安物買いの銭失い」は必ず失敗する

ちなみにカンボジア国内でも、それほどの資金がなくても購入できる低価格帯の物件が販売されていて、しかもよく売れています。その意味では、参入障壁は下がっているともいえなくはありません。

しかし、これらの格安物件の多くは、中国系プロジェクトによって提供されているものであり、はっきり言って儲かりません！

「カンボジアってよくわからない国だから、最初の投資ビジネスは小さい金額から始めようと思うんです……」

中国系の格安物件に手を出す人の多くは、だいたいこのようなことを言います。気持ちはわかります。でも私に言わせれば、低価格・低家賃帯の物件は「安物買いの銭失い」以外の何物でもありません。

まず、入居者の質が落ちるので家賃の滞納率が高まり、内装や設備の消耗度も大きくなります。家賃滞納を回収しようと弁護士を雇って法廷で争おうと思っても、弁護士費用が1000～2000ドルは必要となります。当然、弁護士費用など回収できることはありませんから結局コスト倒れになるのです。

私たちが管理を受託している物件で、もし家賃滞納をめぐるトラブルが発生したら、そのときはもちろん回収に出向きます。ただし、幸いなことにカンボジア進出11年目、自社物件管理を行って8年目ですが、入居者の家賃滞納は一度もありません。さすがに高額物件なのと、入居審査を厳格に行っているので、家賃滞納のような低レベルの事案は発生していません。

低価格家賃になればなるほど、家賃の滞納リスクは高まります。日本のように家賃保証会社があるわけではありませんから、月々の管理は小まめに、かつ迅速に動かなければなりません。

支払い期日が1日でも遅れたら、きんちゃく袋を持って入居者のところに出向いて「あんた！　家賃1日遅れているで！　払わんと出ていってもらうで！」と玄関のドアを叩くような肝っ玉大家さんになる覚悟はありますか？

不動産投資は「売って終わり」ではない

次に「③物件管理のコストと負担がかかる」です。

これも中国系や韓国系の企業の特徴ですが、「売って終わり」の姿勢のディベロッパーがカンボジアにはたくさんいます。しかし、それでは長期的に見て物件の価値は必ず下落します。

不動産投資というものは「売って終わり」ではありません。日本の不動産業界では昔から「マンションは管理で買え！」と言われていますが、ここカンボジアでも同じことが言えます。オーナーとなった以上、完成引き渡し後の物件の維持管理や家賃管理が必ず伴います。これは資産価値を維持・向上し続けるうえでも避けて通れないポイントです。

投資目的で不動産を購入した場合、入居者からの要望、クレームへの対応、メンテナンスがオーナーにはついて回ります。ましてや遠く離れた海外不動産であればその困難さは数倍にも数十倍にも増します。

カンボジアでも、開発業者が完成引き渡ししてから撤退したり、そもそも修繕契約など初めからなく放置状態になっている実態が、徐々に問題視されています。大規模修繕だけでなく、どこまでがメンテナンスの対象となるのか？　そこには明確な線引きがあるわけではなく、自分で判断するしかありません。

この物件管理についても、私は開発した物件と１００年お付き合いする覚悟で、徹底的にこだわりぬいています。ある意味開発以上にこだわっているかもしれません。

私が運営する「Ｊタワー」シリーズの例を挙げましょう。

「Jタワー1」では、完成から6年目の2024年に外壁塗装、サッシ周りのシーリング、プールなどの大規模修繕を初めて実施しました。

大規模修繕だけでなく、電球の取り換え等の小さな修繕から対応ができるメンテナンス部隊が常駐しています。私たちの会社では、自社内にメンテナンススタッフのグループを持っています。彼らの日々の細やかな管理があってこそ、海外不動産を運営し、資産価値を落とさないようにしていくことができます。

「Jタワー2」では、41階のインナープール、42階のスカイプールのプールサイドにウッドデッキを貼る工事を行いました。個人的には、デザイン的にウッドデッキは好きでないのですが、プールサイドは滑りやすいこともあり、小さなお子さまやご年配の方々には危ないと思って施工したものです。

2024年5月には、インナープールの温水化工事を完了しました。エレベーターで住人の方とすれ違うと国籍関係なく「温水プールにしてくれてありがとう!」と感謝の声をよくいただきます。

さらに、「Jタワー」シリーズでは、高架水槽や上水タンクの清掃・消毒も日本と同様に年1回必ず行っています。自分たちが生活で使う水だから、当たり前ですよね。

カンボジアの大半のコンドミニアム・アパートではおそらくここまでやっていないでしょう。だからこそ、外国人である私でも、このカンボジアに受け入れられ、長く不動産ビジネスができているのです。

「谷さんの完成後の物件のケアは本当にすごいですね！　普通、売った後にここまでああでもない、こうでもないとやり直すディベロッパーはいませんよ。はっきり言ってカンボジアでは、谷さんだけじゃないでしょうか？」

普段から懇意にしているお客さまにこれらのメンテナンスの話をしたところ、えらく褒められてしまいました。私としてはごく当たり前のことをやっただけですが「それが不動産の価値向上をもたらし、賃料の高さと空室率の低さに関連しているのでしょうね」とまで言っていただけたのは素直にうれしかったです。

ムリしてやるなら、やらないほうがいい

最後に「④為替リスク」。これは言うまでもなく、海外での投資には付き物です。ただ、2022年2月のロシアのウクライナ侵攻を機に長く円安基調が続いており、この本を書いている現在（2025年1月）のレートも158円前後で推移しています。USドルが流通するカンボジアでは私たちの物件でかなりの含み益や売却益が出ています。

例えば「Jタワー2」の販売開始時期から完成引渡時までの円ドルレートは、2022年4月に完成した時点では平均110円台でしたから、円換算で約40％の含み益が出ていることになります。

「いま、絶好調ですよね！」

私も「Jタワー」シリーズの視察やショールーム見学に訪れる日本人投資家のお

客さまから、そのように声をかけていただいています。

しかし、この円安はいつまでも続かないと、私はやや悲観的に見ています。円ドルレートは、為替の交換比率で決定します。日米のマネタリーベースから計算すると理論値は現在110〜120円台になります。だから、いつかどこかで理論値に収束していくはずです。

現在の行きすぎた円安は、ドル資産保有者にとっては突風が吹いたくらいのラッキーボーナス。恩恵を受けている今のうちに一部の資産を円転して利益確定するのがよいでしょう。

ここまで本章では、カンボジア不動産投資にまつわるリスクやデメリットについてお話ししてきました。

もちろん、私は読者の皆さんにはぜひカンボジア不動産投資にチャレンジしてほしいと願っています。ただ、一方では「ムリしてやるなら、やらないほうがいい」とも思っています。

幸い、高い経済成長の続くカンボジアには5～6%と高利回りのUSドル定期預金があります。こちらのほうが地道ながらも安定した資産を築くことができるので、リスクを取りたくない人にはそちらをおススメします。

ただ、参入障壁が高いからこそ、海外不動産、とくに新興国不動産は儲かるのです！「自分なら、その参入障壁を超えられる」と判断できるのであれば、ぜひチャレンジしてみることをおススメします。ただし、投資判断は自己責任でお願いしますね。

COLUMN 3

「カンボジアの三菱地所」を目指して

11年前、初めてカンボジアで不動産ビジネスを始めた頃、私には、ある「野心」がありました。

「カンボジアで投資に最適な立地はどこだろう?」右も左もわからない私は、毎日のように現地調査でプノンペン市内を歩き回っていました。

せっかくカンボジアに来た以上、自分が「カンボジアの三菱地所になろう!」と考えたのです。

かつて三菱財閥は、明治時代に丸の内の陸軍省用地を政府から払い受けました。当時、草が生い茂り原野と化していた丸の内一帯は「三菱ヶ原」と揶揄されていたようです。しかし、そこに1894年に日本初のオフィスビル「三菱1号館」を建設し、1914年には東京駅が開業。丸の内の土地一帯を買い占めた決断が、今日の「日本の顔」というべき丸の内の発展の基礎となり、同時に三菱の繁栄へとつながったのです。

その三菱財閥に習い、私はまずは国の中心部を押さえることにしました。

郊外は低価格で将来の値上がりも大きく期待できますが、郊外であればいつでも買うことはできます。

首都プノンペンの一等地に投資エリアを絞り込もうとしたものの、プノンペンのどこがこれから中心地としての発展し賑わいを見せていくのか、来たばかりの私にはいまいち見当がつきません。というのも当時のカンボジアは鉄道が未発達で、主要駅やランドマークとなる建物がなく、発展するエリアの見極めが難しかったのです。

最初に着目したのがリバーサイドでした。トンレサップ川に面した開放感あふれるエリアで雰囲気もよく、オープンテラスのカフェやレストラン、バーは昼夜を問わず多くの西洋人客で賑わっています。しかし、景観保護のためか建物の高さが均一に建てられており、「観光地だし、もしや高さ制限ではあるのでは?」と警戒心が働きました。そうすると地価から考えて収益性がある建物が建てられないと判断し、候補から外しました。

次に検討したのは、「ダイヤモンドアイランド（ピッチ島）」と呼ばれる新興開発地域です。プノンペンの東端、メコン川の川中島であるこの地は「未来都市」などと呼ばれて脚光を浴びるエリアで、当時は既に商業タワーや高層コンドミニアムなどの建設計画が進んでいました。しかし、結局この地域も投資対象から外しました。

判断のベースにしたのは、地元の神戸でした。神戸の港湾には「ポートアイランド」「六甲アイランド」という2つの人工島があり、どちらの島内にも複合施設や高層マンションが建ち並んでいます。1981年には「神戸ポートアイランド博覧会」が開催され、「夢と未来の島」とも呼ばれたこの地では、不動産バブル期に各ディベロッパーが次々と大型開発に乗り出しました。しかし、当時億ションに近かったマンション価格は、現在では4000万円以下にまで下がっています。複合施設も顧客が島内にほぼ限定されるため、収益が悪化し、閑散としたイメージが人気の低下に拍車をかけたのではないか、と私はみています。

この神戸の人工島と、カンボジアのダイヤモンドアイランドがどうしても重なって見えたのです。人工的につくられた街は、神戸の2つの人工島のように廃れるときがくるに違いない。そう考え、こちらも投資対象から見送りました。

以上のプロセスを経て、最終的に進出を決めたのが、日本でいう六本木・青山に相当する高級住宅エリア・BKK1です（「コラム②」を参照）。

閑静な高級街区としての上品な雰囲気を保ちながらも、徒歩圏内で衣食住すべてを満たせる利便性のよさ。私には地元・神戸の外国人居留地のような佇まいも感じられました。私は日本でマンション投資をしていたときから、駅近でかつ徒歩圏内で生活必需品のすべてが揃う好立地をエリア選定のいちばんの基準に置いています。人工島のように作られた街よりも、生活感のある街中のほうが、賃貸を考えた場合に入居させやすいからです。

現在、私が開発したコンドミニアム4棟はすべてこのBKK1エリア（およびその近隣エリア）に集中していますが、すべて完売し、入居率は、コロナの時期を除いて90％を切ったことはありません。ファミリータイプに関しては、完成後ほぼ満室状態です。当時の判断は間違いではなかったのです。

第 4 章

間違いだらけ!
日本人の
カンボジアへの認識

「カンボジア＝貧しい」の偏向報道

第1章で、カンボジア投資の失敗を招く3つの「不足」として「①現地の調査不足」と「②**カンボジア人へのリスペクト不足**」を挙げました。覚えていますか？

カンボジアという国、そしてカンボジア人のことを正しく知り、彼らへの敬意を払うこと。それが、カンボジアでビジネスや投資を成功させるための第一歩です。そこで本章では、私が11年間のカンボジアでのビジネスの現場で接してきた、カンボジアという国やカンボジア人のリアルな特性や実態についてお話しします。マスメディアや一部の慈善団体によってつくられたカンボジアへの先入観を払しょくし、フラットな目でカンボジアという国を理解する一助になれば、と思います。

大きな経済成長を続けているカンボジアにもかかわらず、「カンボジア＝貧しい」のイメージを持っている日本人はいまだに少なくありません。

カンボジアに対するイメージを歪めてしまう一因は、日本のメディアの偏向報道にあります。内戦やＯＤＡのイメージがいまだに強いせいか、今でも日本のメディアが流しているカンボジアの報道は、「貧しさ」を強調したものばかりが目につきます。著しい経済発展に関する報道がなされることはほとんどなく、11年間、現地にいてこの国の発展を体感している身としては、正直辟易してしまいます。

これは、日本のメディアの海外報道制作の姿勢にも問題があると思っています。日本の報道機関のほとんどが海外報道については現地の制作会社やコンサルに丸投げ状態。ゆえに、カンボジアといえば「無秩序」「貧困」というイメージが保たれることがビジネス的に「おいしい」連中の都合のいいように、情報が歪曲されて流されています。

こういった一連の偏向報道が、日本におけるカンボジアへの投資の気運が高まらず、いつまでたっても中国や韓国の後塵を拝している大きな足かせになっているのです。

しかし、ようやく歪曲された報道に気づいた一部のマスコミが、カンボジアの著しい経済成長に目を向ける報道制作に動いているという話も耳にしています。正しい情報発信で、多くの日本人の方々、企業にカンボジアへの関心を持っていただきたいところです。

逆にいうと、日本でこういった偏向報道が蔓延しているうちに、一歩先んじでカンボジアでビジネスや投資に乗り出せば、まだまだ先行者利益を得ることができる、ともいえるでしょう。

カンボジアは「親日国」「微笑みの国」とは本当か？

そのほかに、日本人がカンボジアやカンボジア人に対して抱いている一般的なイメージには、どんなものがあるでしょうか？

外務省が毎年実施している「海外における対日世論調査」という調査があります。その最新の調査（令和5年度）によると、「あなたの国と日本は現在どのような関係にあると思いますか」との問いに対して、カンボジア国民（N＝300）の92％が「友好関係にある」と回答しています。また、「あなたの国の友邦として、今日の日本は信頼できると思いますか」との問いに対しては95％が「信頼できる」と回答しています。

また、カンボジアと友好関係がある行政機関や支援団体などのサイトを見てみると、カンボジア人の特性について好意的な記述が目立ちます。

カンボジアと交流があり、同国のホストタウンに登録されている徳島県は、公式サイトで「カンボジアは、もう一度訪れたい国ランキングで常に上位」を占めているとを紹介しています。その理由として、「真面目で穏やかなカンボジア人の人柄」を挙げ、「仏教徒で感覚が日本人と似ている部分もあることから、初めて訪問する人にとっても、どことなく親近感を感じることができる魅力的な国」とも述べています。

「微笑みの国」も、カンボジアを表す言葉としてよく知られています。ＮＧＯ団体の世界一周ツアーに参加した人や、海外協力隊（ＪＩＣＡ）の隊員として現地で活動している人のブログなどを読むと「目が合えば、みんなにっこりと微笑みます。たとえ、道端ですれ違うだけの人でもみんなが自然に笑顔になります」といった記述がよく見られます。

さらに、カンボジアを紹介する際によく用いられるのが「日本は最大の援助国」というフレーズ。ある支援団体のサイトでは、援助国であるがゆえに「カンボジア人の日本人に対する信頼の念は他の国と比べてとても強いです」と記載されています。

親日国、微笑みの国、仏教徒で穏やか――ピースフルでハートフル、日本に対して好意的な印象を抱いている、そんな温かいイメージが浮かんできますね。

確かに、観光や慈善活動で接しているぶんには、間違ってはいないでしょう。日本はカンボジアに対して長年にわたりODAやPKOを通じた支援を続けており、日本に対して好意を持ってくれている国であることは、一面においては事実だと思います。私も否定するつもりはありません。

しかし、です。長年カンボジアでビジネスに携わっている身としては、「カンボジア＝親日」というパブリックイメージにはどうも違和感をおぼえざるをえません。こう言ってしまうと一部の人から叩かれそうですが、いい側面だけに目を向けようとするあまりバイアスがかかっているような気がするのです。もしくは、「親日」というイメージを保つことで利益を得られる人たち（ここでは誰とは言いませんが）が使っている都合のいい言葉のようにも思えます。

うがった見方かもしれませんが、現地のカンボジア人からすれば「親日」よりは「親円」。つまり金をくれる国だから親しくしてくれるのです。こと、ビジネスのシビアな世界においては「カンボジア＝親日」という言葉は、この世界には存在しない幻想、まやかしだと思ったほうがよいでしょう。

誤解してほしくないのですが、カンボジアはとてもいい国です。しかし、だからといってピースフルな言葉に幻惑されているとしっぺ返しを食らいます。ビジネスで勝負する以上、「カンボジア＝親日」のカードをかざしたところで誰も支援してくれません。事業の成否を決めるのは資金力、そして能力しかないのです。

異国でのビジネスは「武器を持たない」戦争だ！

「カンボジア人の多くは仏教徒で、日本人と国民性が似ている」。この〝定説〟についてはどうでしょうか？

仏教、といっても、カンボジア人の90％以上を占めるクメール人の仏教は小乗仏教（上座部仏教）です。小乗仏教とは「生きることは苦しみであり、出家をして功徳を積む者だけが救われる」という出家主義にもとづいています。つまり、個人の救済を求めるものです。

極端にいえば「自分さえよければいい」ということです。それこそ泥棒が家を出るときに「これから仕事に行きますね。今日もどうか捕まりませんように……」と仏壇に手を合わせるようなものなのです。

これに対して、日本の仏教宗派はほとんどが大乗仏教に属しています。大乗仏教では、すべての生きとし生けるものの救済を目指します。「菩薩」という概念を取り入れ、悟りを求める人なら誰でも菩薩になり、救済される、簡単にいうと「信ずる者すべてが救われる」という教えです。同じ仏教でも、カンボジアの小乗仏教とはまったく似て非なることがおわかりでしょう。


「カンボジア＝微笑みの国」というイメージについてはどうでしょうか？

はっきり言いましょう。この平和に満ちた甘い言葉こそ、最も警戒すべきです！

なにせ、カンボジアという国は内戦が終わってまだ30年が経過していません。私と同年代か少し下の40～50代の人たちの中には、それこそ少年兵としてゲリラ戦を戦い、死と隣り合わせの修羅場をくぐり抜けてきた猛者がゴロゴロいます。

彼らは「争い事はもうしたくない」「争いは割に合わない」といった心情から、普段の表向きはニコニコと笑顔を装っています。ところが、ひとたびスイッチが入ると平和ボケした日本人では手に負えないくらい腹を決めて、テーブルの向こうから飛びかからんばかりに、ガッとこちらに迫ってきます。

そもそもケンカが強いヤツほど、普段はニコニコしているものなのです。そこをはき違えて「カンボジア＝微笑みの国」のイメージのまま丸腰で接するとえらい目に遭います。

私はよく、映画『ワンス・アンド・フォーエバー』（2002年）を例に出します。主演のメル・ギブソンが演じるハル・ムーア中佐は実在の人物で、ベトナム戦争序盤の「イア・ドラン渓谷の戦い」を指揮したリーダー。その彼がベトナムに出兵する前、部下を前に語った名セリフがあります。

「我々が戦いに臨んだとき、私は戦場に踏み出す最初の者となり、戦場から退く最後の者となろう。誰ひとり置き去りにしたりはしない！」

異国の地でのビジネスは、いわば武器を持たない戦争です。戦場に最初に足を踏み出し、最後に戦場から退く。そのくらいの気概がなければ成功しません。それが、ODAや慈善活動との決定的な違いなのです。

必要なのは「ナメたら土砂かけたるぞ！」のリーダーシップ

「カンボジア人ってどうですか？　よく働きますか？」

カンボジアで事業を考えている人から相談を受けると、必ずといっていいほどこう聞かれます。もっとも私も11年前、先に現地ビジネスをしている人に同じ質問をしていたので、現地のカンボジア人の勤労意欲や態度が気になるのはよくわかります。

私の答えはこうです。

「はい、カンボジア人は勤勉でよく働きますよ！　ただし、あなたはいくら報酬を払う気がありますか？　そして彼らと根気よく接し、教育する気がありますか？」

カンボジア人を安い労働力とみなして使ってやろうなどと思っては、まず失敗します。能力に応じた正当な報酬と責任ある仕事、職務を与えることが大事です。

カンボジア人も私たちと同じで、家族を養いたい、豊かになりたいというモチベーションをもって仕事をしています。日本人が上位に立って一方的にこき使い、「たまにメシでも奢ってやればいいか」くらいの感覚では、彼らはついてきません。

まずは自分自身が「この社長についていけば自分たちも豊かになれるはずだ」と信頼されることです。その信頼関係さえ築ければ、カンボジア人は忠誠心と責任感をもって勤勉に働いてくれる国民であることは保証します。

そのうえで、彼らに対する教育と指導の労を惜しまないことです。

私自身、ハル・ムーア中佐になったつもりで、建設現場には自ら必ず立ち入っています。4棟目の「Jタワー2」プロジェクトからは信頼できるカンボジア人の社員に総監督を任せていますが、それでも任せっきりにすることはなく、現場に入って総監督をバックアップしています。建設工事だけでなくビジネス全般について言えることですが、日本から従業員を遠隔操作して働かせようとするのは、まだまだカンボジアでは不可能と思ったほうがよいでしょう。

建設現場は、まさに「戦場」です。

3棟目となる「Jタワー1」を建設中のときのことです。私は普段から、建設現場の整理整頓について現場のワーカーに口うるさく指導しています。現場が散らかっているとつまずいて事故につながる危険があるし、仕事の効率も悪くなって工事遅延の原因になるからです。作業の合間に片付ける習慣を普段から身につけておけば、現場の安全性と効率性が高まるのはもちろん、段取り力がついて仕事のクオリティも上がっていきます。

ところが、カンボジア人はのんびり屋な気質で、整理整頓がとにかく苦手。建材や土砂、ゴミを置きっぱなしにしても気にならないようで、何食わぬ顔をしています。

Jタワー1の完成が2カ月後に迫ったある日、私はワーカーたちに「1週間以内に現場を片付けなさい」とあらためて指示を出しました。ところが1日、2日と経っても一向に着手する様子はありません。

しばらく静観していましたが、その後もずるずると時間だけが過ぎていき、約束の1週間が経ちました。「いいかげんに片付けなさい」と最後の忠告をし、その2時間後に現場に戻ってみると、まったくの手つかずではないですか。

それを見た私は、反射的に近くにあったシャベルをつかみ、土砂をすくい上げ、仕上がったばかりの内装に豪快にまき散らしました。

「おまえら、ええかげんにせえよ！」

ボスの突然の狂気じみた行動に、ワーカーたちは驚きのあまりしばらくの間硬直して立ちすくんでいます。そして、ハッと目が覚めたように動き出しました。

「ボス、わかりました。すぐやります！」

「ソーリー！　ソーリー！」

すると、ものの10分で片付いてしまいました。建築用語で「土砂をかける」という言葉があります。「おまえ、土砂かけたろか！」といった脅し文句で使われることが多いのですが、なぜそのように言うのか由来がわかりませんでした。ところが、無意識のうちに土砂をまき散らしている自分に気づいた瞬間、「これのことや！」と合点がいったものです。

ちなみに、私がこういう話をすると、次のようなことを聞いてくる人がいます。

「よく、東南アジアでは人前で叱ってはダメ、と言いますよね……？」

いやいや、人前で怒られるのは東南アジアの人だけでなく、日本人でも誰でもイヤなのは一緒でしょう？　私に言わせれば国民性などまったく関係ありません。

発展途上のカンボジアで建設工事を行うためには、「ナメたら土砂かけたるぞ！」のリーダーシップが求められるのです。「職人やワーカーたちにどう思われるだろう……」「人前で怒っちゃダメなのかな……」といちいち気を回したり、「いいよ、いいよ」となあなあで済ませたりするようでは、とても現場監督は務まらないし、工期どおりに事業を完遂することはできません。

日本人であろうが東南アジア人であろうが、私は躊躇なく叱咤し、時には激しい言葉も投げつけます。大事なのは叱咤した後に、具体的な指示をすること。

現場で働くワーカーたちは若者が多く、経験が浅いがゆえに何をどう頑張ったらいいかわからないものなのです。だから、彼らが動けるように方向性を示してあげる。これも国民性や業種・職種に関係なく共通のことではないでしょうか。

現地のルールのもとで戦う覚悟を持て

カンボジアでの事業や投資に失敗した人の中には、不平不満ばかり並べ、自らの非を認めない人が少なくありません。中には「カンボジア人はバカだから……」と侮辱発言までする人もいます。日本なら侮辱罪にあたる、犯罪レベルの失言ですね。

後者に関しては論外だとしても、他責志向で不平不満を並べるだけでは物事は何も進展しません。それよりも、自分のやるべきことに全力を尽くすべき。どの仕事でも当たり前のことですよね？

それに、「郷に入りては郷に従え」ということわざがありますが、こと海外でのビジネスにおいては、よくも悪くも現地のルールのもとで戦わなければなりません。

以前、ある経済誌で、新興市場での賄賂がテーマの記事が目に留まりました。日本は袖の下に不寛容な国だから、新興市場での袖の下競争でも劣勢に立ち、ビジネスの勝負で負けている。解決策としてロビー活動などが重要になる——要約すると、そんな趣旨の記事です。

私に言わせると、そもそも前提が間違っています。ビジネスがうまくいかない理由を賄賂のせいにしている時点で、すでに勝負はついています。

負けた理由をルールのせいにしてはいけません。もちろん「日本人も臆せず袖の下を渡しましょう！」と大手を振って賄賂を推奨しているわけでもありません。ただ、少なくとも袖の下ありきの国に来ているわけだから言い訳をせず、その国のルールのもとで戦う覚悟を持て、と言いたいのです。

コラム①でも触れましたが、私は不動産業のかたわら地元・神戸の自宅の1階で小さな空手道場を開いています。社会貢献の一環で子どもたちを無償で指導しており、カンボジアでの事業がメインとなった今でも続けています（2025年現在一般の部のみ。少年部は2020年で休止）。

以前、空手の試合で負けた理由をルールのせいにする子どもたちがいました。体に直接打撃を入れるフルコンタクトスタイルの空手は、大会によってルールが微妙に異なることがあります。その異なるルールを負けた理由にして言い訳をするのです。悔し泣きをする子どもたちに、私は次のように諭しました。

「悔しいかもしれんが、この大会はそういう決まりなんだから、対応しないとダメ。ルールのせいにしたらあかんよ」

新興市場で勝てない理由を賄賂に求めようとする日系企業の態度は、私に言わせれば空手のルールを持ち出す子どもたちと同じです。そもそも賄賂を研究するヒマがあるなら、もっと仕事自体のクオリティを高める方法に着目したらどうでしょうか？

袖の下を否定し続けていれば、手続きも思うように進まず、役所での対応にも苦慮することでしょう。そのリスクも承知のうえで商品やサービスのクオリティを高めることに専念すれば、発展途上の国でも賄賂に頼る必要はなくなるかもしれません。

加えて申し上げたいのは、外国人としてその国でビジネスができることに感謝することです。この国では役所関係者の動きの悪さにイラ立つこともしばしばあります。それでも、「この人たちは外国人の私のために動いてくれているんや……」と思えば感謝の気持ちもわいてくるものです。

相手にもっとああしてほしい、こうしてほしいと期待するのではなく、こちらから誠意と友情を示す。そうすれば役所やビジネスパートナー、現地雇用する社員やワーカーとの関係性や信頼が少しずつ築かれ、仕事がスムーズに進むようになっていくでしょう。

COLUMN 4

カンボジア人の指導は「生活指導の先生」のよう？

平均年齢が20代のカンボジアの建設現場は、10代の若者だらけです。生意気なヤツも少なからず集まってきます。彼らに対し、現場監督の私はあいさつから整理整頓まで、基本的なことを繰り返し、根気よく指導しています。まるで生活指導の先生や、ひと昔前の熱血体育教師みたいなものだな、とつくづく思います。

例えば、こんなことがありました。明らかに10代とおぼしきワーカーが現場でタバコを吸っていました。こちらが「やめろ」と注意すると「ああ」と気だるそうに返事し、私の目の前でタバコをポイッと捨て、挑発するようにニヤッと笑いました。それを見た瞬間、私は彼の髪を引っつかみ、「拾え、こらー!」とタバコが落ちている地面すれすれまで顔をぐいっと近づけました。

日本では○○ハラと言われて炎上するかもしれませんが、この国ではそんな生ぬるいことを言っては仕事ができません。前章でも言いましたが「ナメたら土砂かけたるぞ！」という姿勢を見せるのが大事なのです。

「カンボジア人から仕返しをされませんか……？」と心配されることもあります。しかし、仮に恨みを買って何かされたとしたら、私はしょせんその程度の器だったということです。おそらく学校の先生たちも同じような強い気持ちで不良たちと向き合っているのではないでしょうか？　上に立つ人間が覚悟を示すことで、彼らの間に「ちゃんとしないと！」という自制心が組織の中に働くようになるのです。

だからといって、ボランティアで人を育てようという気はありません。カンボジアに来た事業者はよく「ビルを建て、カンボジア人に建設の技術を教えたいんです」などと言いますが、そんな言葉を耳にするために「ウソをつくなよ」と訝しく思います。

見ず知らずのカンボジア人のためになぜリスクを取って何億円もの投資するのか？

言うまでもなく、儲けるためにカンボジアに来ているのです。その儲けに対する意欲を技術支援や人材育成といったキレイごとにすり替えるのは、私は好きではありません。

しかしながら、自分にとって子どもみたいな年齢のワーカーたちと現場で一緒に接していると、「彼らに本当の教育をしてやらなければ」と身が引き締まります。

教育を十分に施されていない彼らだけに、若いワーカーたちはプロジェクトを終える頃には見違えるようにたくましくなり、顔つきが変わり、動作も機敏になります。その成長ぶりを見るたびに、〝先生〟としてはニンマリしています。

現場のエレベーターなどでワーカーと一緒になると、私は意識して話しかけるようにしています。あるときは、従業員にクメール語での通訳を頼んでこんな話をしました。

「実は、オレも昔はおまえらと一緒で、現場のワーカーから出発したんや。カンボジアはこれから絶対に発展するから、我慢して働けよ。建設の仕事は絶対に儲かるぞ！」

カンボジア人には、すぐに気持ちが落ちて物事をあきらめる傾向があります。だから、仕事を始めたら継続することの大切さはとくに繰り返し彼らに説き、将来への希望を持たせています。単なる私の自己満足かもしれませんし、「このボスは何を言っているんだ?」と聞く耳を持たないワーカーがほとんどでしょう。それでも、「オレも頑張って、いつかボスみたいになるぞ!」と意欲と希望を抱いてくれるワーカーが1人でも生まれてくれたら、と願っています。

江戸時代の土木事業家に、河村瑞賢《ずいけん》という人がいます。瑞賢は伊勢の貧しい農家から身を立てるために江戸に行きましたが、車引きの仕事がイヤになり、故郷に帰ろうとしました。すると、帰路の途中で出会った老人から「なぜ諦める? 江戸は必ず発展するので戻りなさい」と勇気づけられたのです。

江戸に引き返すと、海にキュウリやナスが流れ込んでいるのが目に入りました。江戸の豊かさと市場の大きさをあらためて実感した瑞賢は、その野菜を宝の山と感じ、漬物にして建設現場の職人に売り出したところ、大繁盛。それを機に現場に出入りができるようになり、現場役人から「おぬしほどの才覚があれば請負工事をやってみないか？」と幕府に登用され、土木事業家として大成していくのでした。

今のプノンペンは、当時の江戸時代と同じくチャンスの宝庫です。カンボジアの若者に〝金辺〟の価値を知り、河村瑞賢のようなサクセスストーリーを実現してほしいのです。私の言葉がどれほど響いているかわかりませんが、今日もしつこく現場の若いワーカーたちに話し続けています。

いつかライバル不動産会社の社長となって「タニさん、あのときの現場で話しかけてもらったワーカーです」と言ってくれる人が現れたらうれしいですね！

第 5 章

海外で事業・投資を行う国はこう見極めろ!

その国を好きになるより、自分がその国で勝てるか？

異国の地、とくに新興国で事業や投資を行ううえでは不安がつきまとうもの。国の文化やルールもまちまちで、どの物件が高い投資効果を得られるのか正直よくわからない。怪しい情報を信じ込み、ポンコツ物件をつかまされてしまうリスクもあります。

では、海外で事業や投資に成功するための、対象国や物件はどうやって見極めればよいのでしょうか？　とりわけ重要なのは次の4点です。

①「その国を好きか」より「その国で勝てるか」で選べ！
②情報弱者になるな！
③中国物件には手を出すな！
④家賃保証、買取保証物件に手を出すな！

以下、本章ではこの4点の見極めポイントについて、私が主戦場とするカンボジアを例にお話ししましょう。

まず「①**『その国を好きか』より『その国で勝てるか』で選べ！**」から。

今日、海外事業・投資に関する情報は、インターネット上に大量にあふれています。対象国もオーストラリア、シンガポール、タイ、ドバイ、マレーシアなどなど……ただ、この中にカンボジアの名前を見かけることはまずありません。

これだけの注目度の低さは、私がカンボジアに進出した11年前とほとんど変わっていません。今日では東南アジアの中でも最も経済発展した国の一つで、11年前と比べて社会インフラもかなり整備されているにもかかわらず、人気は高いとはいえないのが実情です。

一方で、最近では「ドバイが好きなんです」などと言ってドバイの不動産に投資している人も多く見ます。しかし、ですよ。冷静に考えてみてください。アラブの、ひいては世界の富裕層が集まるドバイで、彼らを相手にマネーゲームで勝てますか？

海外事業や投資で選ぶべきは、その国が好きかどうか、住みやすいかどうか、ではありません。大事なのは「好きな国」と「投資に勝てる国」は違う、ということです。

私の話をすると、好きな国はどちらかというとカンボジアよりタイのほう。バンコクには観光や買い物でよく訪れます。プノンペン〜バンコク間は飛行機で1時間ほど。待ち時間を含めると2時間半なので、神戸から新幹線で東京に行くのとちょうど同じくらいの感覚です。

それでも、私のスキルや資産力をもって、タイで事業や投資で勝負する気はありません。勝つ（＝収益を出す）だけでなく、満足のいく仕事や投資のパフォーマンスが出せるかというと、その自信がないからです。

一方、カンボジアでは負ける気はしません。その根拠は、自分が日本で長年培ってきた建築・不動産のスキルで優位に立てるということ。初めてカンボジアに降り立ち、現地をくまなく見て回った結果、黒帯と白帯くらいの差がある、と確信できたのです。

それに加え、経済発展の大きな追い風が吹いていて、まだまだ発展の余地があると見込めたことです。その風に逆らわなければ、知らず知らずのうちに雪ダルマのように資産を増やせるはずだ、と確信できたのです。

事実、この11年間で普通に仕事をしていたら、カンボジアのGDPも10倍になり、確信したとおりビジネスは順調すぎるほど順調に成長しました。おまけにリターンはUSドルなので円安で5割増しというおまけつきです。

誤解のないように言いますが、カンボジアは日本人にとって気候、食べ物など非常に快適な国です。プノンペンの水道インフラは北九州市が長年技術支援しており、水道普及率は90％を超えています。プノンペンは、東南アジア圏では数少ない「水道水を蛇口から飲める町」なのです。

稼ぎたければ情報弱者になるな！

次に「②情報弱者になるな！」です。本書でも折に触れてお話ししていますが、強調しすぎることはありません。しつこいくらいお話ししますね。

カンボジアの不動産に関する情報源の一つに、同国の物件を取り扱っている販売会社のサイトやSNSなどがあります。私の会社ももちろんお世話になっていますが、そのすべてを鵜呑みにするのは非常に危険です。

販売会社の大半が日本人投資家向けに販売しているカンボジアの不動産は、主に中国系上場企業や日系上場企業プロジェクトです。それらのプロジェクトが現在どうなっているか……ネットで調べればすぐに入手することができますが、大半は工事遅延や計画変更しており、転売できない、賃貸がつかないなどの問題を抱えています。

販売会社に尋ねても「当社はあくまで仲介しただけです」と責任逃れするでしょう。日系大手ディベロッパーの看板を背負ったフランチャイズで、事業歴が1～2年と浅い販売会社も少なくありません。その中には、オンラインセミナーで根拠がまったくない利益数値を煽って顧客勧誘を行っている悪質なケースも散見されます。

第1章でも述べましたが、情報弱者にならずに正しい情報を入手するためには、やはり現地を自分の足で回り、自分の目で確かめることです。

私も日ごろから、自社以外の開発プロジェクトも建設現場を訪れ、状況をチェックしています。ポイントは、工事段階でワーカーがどれくらい入って働いているか？　お昼の食事どきに現場前の屋台に集まるワーカーの数を見れば、工事の進捗がある程度推察できます。

ワーカーがぜんぜん入っていない（または足りない）場合は、販売不振でプレビルドの資金がショートしている危険性が高い。「現在、〇〇％売れているようです！」という販売会社の触れ込みが、実際に現場を見てみるとまったくのウソ！　というケースが呆れるほど多いのです。

「海外不動産への投資のためにわざわざ現地まで見に行くなんて」と思ったあなた。勝つためには、それくらいの手間を惜しんではいけません！

日本人投資家を騙そうとする人たち

カンボジアをはじめ、海外で事業や投資を始める際、相談する「入口」を間違えてしまっては成功するものも成功しません。カンボジアに進出してから今日までの11年間を回想してみて感じることは、私より先に入植していた日本人や日系企業の大半が、事業・投資の障害になっていることが非常に多くありました。現地進出コンサルタント、コーディネーター、免許のないにわか販売会社、邦人団体……数え上げればきりがありません。

少なくともカンボジア不動産投資においてはは、カンボジアに関係するほとんどの日本人・日系企業はいらない。それが、私の経験から得た結論です。

これからカンボジア不動産投資で儲けようと考えている読者の皆さんのために、「入口」として接してはならない日本人・日系企業の特徴を、私の11年間の経験から列挙します。

・**虚偽、捏造情報発信が多い**……詐欺など犯罪的なものから故意、確信的な根拠がない捏造の情報発信があまりにも多すぎます。

・**情報発信に偏りがある**……私たちの手がける「Jタワー」シリーズは「日系初の高層建物」「日系初のハードタイトル（所有権の権利書）発行物件」などカンボジア

初の称号をいくつも得てきました。にもかかわらず、これらのプロジェクトに関する販売情報を、ほとんどの日系企業から発信・紹介してもらったことはありません（情報発信してもらった日系の販売会社は2、3社のみ）。一方で、中国系の不動産プロジェクトについては日本人投資家に向けて大々的に発信しているから不思議なものです。

・海外ゆえの誇大広告が横行……カンボジアは日本の宅建業法やそのほかの法律の規制が及ばない「無法地帯」です。そのため、誇大広告、おとり広告、根拠のない数値など、日本なら違法性を疑われる広告手法が大手を振って横行しています。免許・許可がなくても物件の販売が可能であり、詐欺などの違法行為があっても簡単に逃げられるのです。

そのほかにも、現地の事情に疎い日本人投資家をあの手この手で騙そうとする輩は、この国にはたくさんいます。

その真贋を見極めるには、情報発信者の過去の実績も調べることです。業歴が浅い個人や会社の場合は、その経歴や会社の沿革も調べましょう。取引をするのなら日本での不動産業務歴、宅地建物取引士などの資格の有無、前職でのポジションや担当業務なども調べるべきです。

せっかく投資環境の揃っているカンボジアで、誰にでも儲けられるチャンスが開かれているにもかかわらず、一発当て屋みたいな日本人や日系企業に引っかかってしまうほど滑稽で愚かなことはありません。

正しい情報を入手するためにも、お金と時間は惜しまずかけましょう！

日本人はなぜ中国物件ばかり買いたがるのか？

そして3つ目は「③中国物件には手を出すな！」です。

しつこいようですが、格安の中国物件に安易に手を出して泣きを見る人があまりに多いので、ここであらためて詳しく解説します。

少し調べれば誰でもわかることですが、ここ数年の中国経済、とくに中国不動産市況は、おそろしく悪化しています。

中国の不動産需要は２０２０年頃からピークアウトしており、住宅価格は下落を続け、住宅在庫が増え続けています。中国系ディベロッパーのデフォルト（債務不履行）の問題も顕在化しています。

中国不動産の不良債権処理が進まないことが、中国経済の足かせになっていることは周知の事実です。日本にいるから中国の状況がわからない、などということはありません。

カンボジア国内においても、中国系ディベロッパーによる開発物件の多くで工事完了引渡が遅延、もしくは頓挫しています。

遅延・頓挫の理由が販売不振だけでなく、支払いを受けた販売代金をほかの投資に振り向けているため、などといった耳を疑うような話も聞いています。

よしんば完成したとしても、誰が賃貸付けをして、誰が入居して、どのように管理するのか？　遅かれ早かれチャイナタウン化することは目に見えています。

それなのに、日本の投資家や販売会社の動きを見ていると、日本人投資家の中には中国物件を買いたがる人が非常に多い。また、売る側の販売会社も中国物件を強く勧めてきます。なぜ日本人はこれほどまでに中国物件を買いたがり、勧めたがるのか？それは販売価格がだいたい1000万円以下と比較的手ごろで、かつ大量供給されているからです。つまり「販売しやすい」「購入しやすい」とお互いに利害が一致しやすいのです。

事実、1つの開発プロジェクトで300、400という数の物件が大量にドンと売り出されているケースがあります。開発したディベロッパーが専任で販売しているのならまだ価格統制できるのですが、いろんな販売会社が売っているとしたら価格統制はできません。こうなると想定利回りも期待できず、転売もできません。

詳しくは第6章に書きますが、カンボジア不動産投資においては「立地・価格・品質」の3条件が揃って初めて勝つことができます。手ごろな価格と、日本の販売会社の広告戦略や営業に惑わされないようにしましょう！

家賃保証物件は絶対にダメ！

最後に、「④家賃保証、買取保証物件に手を出すな！」です。

今カンボジアでも大きな問題になっているのは、家賃保証付き・買取保証付きのコンドミニアム、不動産物件です。私は以前から家賃保証物件はダメだと言い続けてきました。カンボジア政府も２０２３年頃から家賃保証付き物件の保証家賃が遅延頓挫している事例が多く出ているので消費者に注意喚起を出しています。そして２０２４年には日本人がたくさん購入している物件で家賃の支払ができない通知が購入者に届く物件が出て大きな騒ぎになっています。

個々の物件の詳細についてはここでは話しませんが、そもそもどうして開発業者が家賃の保証を付けて販売しなくてはならないのか。はっきり言います、家賃保証をつけないと売れない物件だからです。売れる物件、販売できる物件なら保証などつける必要はありません。

家賃保証の実態をもう少し詳しく解説します。

相場より割高の物件を販売する時にこの物件は「〇〇％」の家賃の保証をしますという場合です。例えば実際は３％くらいしか回らないのに９％の利回り保証を付ければ、物件の価格の割高感を誤魔化されてしまうパターン。また家賃保証３年、５年、10年分を物件の販売価格に乗せて販売している場合です。

相場では４万ドルくらいの値打ちしかない物件を、利回り保証を付けて16万ドルで販売するなどです。いずれの物件も家賃保証期間が終わった後で、家賃保証の時と同じ家賃がつかない購入者が多くいます。さらに、その保証期間が終了する前に家賃払いを停止する物件も増えています。そもそも投資に「保証」を求めるのでしょうか？いいえ、投資に保証などありません。保証が無ければ投資ができないなら投資は控えるべきです。そしてここで言う「保証」はもちろん、本当の「保証」ではありません。

80年代後半、バブル真っ盛りの時を思い出してください。当時はゴルフ場開発が活発で、開発の資金集めのために販売された「ゴルフ会員権」はほとんどが買取保証付きでした。５００~２０００万円で販売されたゴルフ会員権が１億円、２億円以上になった時代でしたから、当然買った価格で買取を求める人は誰もいなかったでしょう。会員権自体が売買対象になったのです。しかし90年に入ってバブルが崩壊してゴルフ場運営が苦しくなると、民事再生の申請をしてほとんどのゴルフ場が買取保証を反故にしました。コンドミニアムの家賃保証はまさにこれと同じです。

最近では、10年以上の保証期間、しかも10％以上の利回り保証をしている物件が出て日本人に販売されています。カンボジアで現在銀行借り入れをしたら7～9％年くらいです。開発業者は銀行から借りる方が事業利益が上がるに違いありません。わざわざ高い利回り保証を付ける必要があるのか考えてください。また、物件が完成もしていないのに契約と同時に家賃の支払いが始まるプロジェクト。スキームがおかしいと思いませんか？　開発業者に金を貸して、毎月利払いをもらっているのと同じです。最悪の場合は、投資詐欺でよく行われるポンジスキーム（新規投資家から集めた金を既存の投資家に支払う手法）やタコ足配当（企業が原資となる十分な利益がないにもかかわらず、過分な配当金を出すこと）などの怖れもあります。そんな開発業者は信用できるのか？　少し考えれば分かると思います。

COLUMN 5

いつ行われる?「悪魔の線引き」

カンボジアの法制度は、日本のODAによって整備が進められましたがいまだに法曹や行政官の法律の理解度が追いついておらず、細かい運用ルールもそこまで整備されている状況ではありません。

日本で都市計画法が制定されたのは、1968年。敷地面積に対する建物の延べ床面積の割合を示す容積率の規定が定められたのは1970年です。現在のカンボジアも当時の日本も状況は似たり寄ったりで、地区計画にもとづく用途地域の線引きが明確でないため、いろんな高さや業態の建物が同一エリア内に混在して建てられています。

実は、ここに大変なリスクが潜んでいます。

今後、カンボジアで法整備が進んで用途地域の線引きがなされたとき、例えば自分が所有する土地は5階建てが上限なのに、道路の向かいの土地は20階まで建設可能になった、というケースもありえます。その場合、自分の土地の地価は、向かいの土地に比べて単純に4分の1の評価になってしまうのです。

また、土地利用というのは地権者や近隣住民の利害が複雑に絡み合う世界です。ある人は「自分の土地に高層建物を建てたい」と言えば、またある人は「自宅の横に高い建物を建ててほしくない」と願います。声の大きい人がゴネ得する側面もあります。この「悪魔の線引き」が後々恐ろしい騒動を引き起こしかねません。

昔、日本で〝神戸のドン〟と呼ばれた元神戸市議の先生と仕事をさせてもらったことがあります。その先生にある日、「昔の神戸市はどうやって用途地域の線引きをしたのですか？」と尋ねたところ。

「ああ、あれはオレが全部やった。あんな面白い仕事はなかったな……」

その先生は、楽しそうにニヤッと笑って答えたのです。「悪魔の線引き」は強力な政治力があって行われるのだ……とつばをゴクンと飲み込んだのを覚えています。

カンボジアでも、強力な政治力によっていつ「悪魔の線引き」がなされるかわかりません。土地購入の際は入念な調査確認が必要になってきます。

事実、私もそのことを身をもって体験した出来事があります。

4棟目の「Jタワー2」のプロジェクト現場に建設省の役人が視察に来て、こう話しかけてきたのです。

「あんた、今年中の建設許可でよかったね。来年だと前面道路から10メートルセットバックだよ。今回は5メートルで許可したけどね」

もし、モタモタして許可申請が遅れていたら……と考えると、背筋が凍ります。

私たち開発業者は常に薄氷を踏むようなギリギリの状況で仕事をしているのだ、とあらためて実感させられました。

第 6 章

絶対役立つ!
カンボジア
不動産投資の
着眼ポイント

「立地・価格・品質」が絶対条件

私が投資する不動産を見極め、選択する際には、動かさざる3つの「絶対条件」があります。

それは「立地・価格・品質」です。しつこいくらい自分のブログやYouTubeでも発信していますし、各地のセミナーでも口酸っぱく話しています。

第一に「立地」です。

まず、ロケーションを間違ってしまっていては話になりません。「ここはいいエリアだろう」と見込んでコンドミニアムを購入しても、その見立てがあまりにも先取りしすぎたあまり、建ったはいいけど一向に入居者がいない……という失敗例はたくさんあります。

私も、11年前にカンボジアの地に降り立ってからは、くまなくプノンペン市内を歩き回り、投資すべきエリアを絞り込みました。その顛末はコラム③に書いたとおりですが、結果として選んだのが「ボンケンコン1（ＢＫＫ1）」です。現在、私が開発したコンドミニアム4棟はすべてこのＢＫＫ1エリア（およびその近隣エリア）に集中していますが、すべて完売し、常に90％以上から満室の間の高い入居率を維持しています。ファミリータイプはほぼ満室です。

第二に「価格」です。

カンボジアの不動産業界によく見られるのは、販売会社によって物件販売価格に上下の差がありすぎることです。目に見えて特徴や品質が異なるのなら納得もできるのですが、同レベルのエリア・スペックでも物件によって価格に開きが生じているのです。この価格差のほとんどは、開発業者が得たい利益を価格にオンしているか、市場価格から出された販売価格をそのまま設定しているかによるものです。

私が考える販売価格を決めるポイントは「マーケットプライスで決める」ことです。カンボジアのこのエリアでこの間取りと大きさなら、通常どのくらいの賃料で貸せるか。そこから価格設定を行うのです。いわばリターンありきでなく、市場ニーズありきの「マーケットイン」の視点で販売価格を決める、ということです。

ところが、多くの開発業者（とくに中国系プロジェクト）を見ていると、自分たちがほしいリターンから逆算して販売価格を決めているケースが多く目につきます。このことが、買い手が付きにくく、販売不振になり、工事遅延や頓挫の遠因となるのです。

価格に関してもう一つ言うと、「その物件が将来、転売（リセール）できるか？」の視点も重要です。当たり前のことですが、物件の価値は購入後に転売してどれだけの売却益を得られるか、で決まります。ところが、カンボジアの不動産市場を見ていると、ほとんどの物件が転売できず、売れても半値くらいでしか売れません。

物件価格というものは、どこまでいっても収益還元法と需要で決められます。市場に合った賃貸価格で賃貸付けをし、その賃貸価格から物件価格が算定されます。その価格で転売しようとすれば購入価格を大きく下回ってしまうのは避けられません。

本書でもここまで再三警鐘を鳴らしてきましたが、カンボジアだからといってすべての不動産が高利回り・高収益を生むわけではありません。しかし、日本人の投資家の中には、カンボジアを訪れた時点で、この当たり前の投資の視点が曇り、誤った判断をしてしまう人があまりにも多いのです。

「この国には自分だけの特別な投資物件があるのでは？」などといった根拠のない幻想を抱いてはいけません。カンボジアだからこそ、投資判断には日本以上にシビアな視点が求められるのです。

カンボジアの物件は「管理」で買え！

第三に「品質」です。

不動産投資における「品質」とは何か？　第3章でも触れたとおり、不動産投資は「売って終わり」ではありません。物件そのものの品質ももちろん大事ですが、それ以上に大事なのは物件の「管理」の品質です。

２０１８年に竣工した「Ｊタワー１」では、カンボジアでは初となる積立修繕金制度を設けました。ビルやマンションのメンテナンスでは将来的な大規模修繕に備えなければならないのは日本では当たり前ですが、当時のカンボジアはコンドミニアム黎明期ということもあり、その積立修繕金制度がなかったのです。

ただ、その後はカンボジアでも「売ったら売りっぱなし」でメンテナンスを放置する開発業者の実態が明るみとなって、政府も看過できなくなり、2023年にようやく「管理組合を創設して修繕費を貯蓄するように」との通達が出されました。

それでも通達には法的拘束力はなく、この本を書いている（2025年1月）現在も、修繕積立金制度を設けているのは「Jタワー1」「Jタワー2」のみです。

カンボジアのコンドミニアムを投資目的で購入する際は、購入後のメンテナンスや大規模修繕に関することも調べておくのは必須です。将来的な修繕についてどう定められているか、契約書などで確認しましょう。修繕計画も対策もないようでは、開発業者がすぐに解散・撤退するのは明らかで、資産価値の劣化は避けられません。また、管理組合が存在しなければ管理費などを一方的に変更されるリスクもあります。

10年後以降の大規模修繕にいかに対応するのか？　これから、カンボジアではますます問題が深刻化してくるでしょう。


もう一つ、不動産の管理におけるポイントは、「賃貸付け」の管理ができるか、ということです。日本の投資家にとっては、遠方のカンボジアの物件を誰かに管理委託する必要があります。したがって、賃貸付も含めた管理業務を信頼できる現地の不動産管理会社に委託できるかどうかも、重要なポイントの一つです。

賃貸付け管理ができたとしても、管理会社の「品質」もピンキリです。

カンボジアの一般的なコンドミニアムには、エントランスに受付がありスタッフが常駐しています。ところが、そのスタッフが挨拶もせずニコリともせず、ただスマホをいじっている……これでは与える印象が悪すぎます。当然、そんな面倒くさい顔をするようなスタッフなら仕事ぶりも推して知るべし。こんなコンドミニアムをわざわざ借りようと誰も思いませんよね？　借り手が付かなければ、賃料の大幅ディスカウントは避けられません。

こんな話があります。とあるコンドミニアム管理会社に日本人スタッフが勤務していたのですが、その人が退職した途端、明らかに管理が悪くなったそうです。日本人がたった1人辞めただけで管理の質が落ちる……そんな不安定な管理を行っている管理会社にそもそも問題がありますし、そんな会社に委託している開発業者の信用も疑われます。日本人に購入いただいた物件をすぐに管理会社に丸投げする開発業者もたいがい無責任だと思いますが……。

管理の不行き届きは、賃貸付けにダイレクトに悪影響をおよぼします。物件購入時は、購入後のことも視野に入れて投資・購入の判断材料にしましょう。

合弁企業による乗っ取りを回避せよ！

不動産投資の成否を決める「立地・価格・品質」の3つの絶対条件についてお話ししました。この3つをふまえたうえで、次のステップではカンボジアの不動産投資にまつわる基礎的な法制度やルールを理解し、注意点を押さえておきましょう。

まずは、土地取引からお話しします。

第2章でもお話ししたとおり、カンボジアでは日本と同様、個人・法人に不動産の所有権が認められています。ただし、外国人や外資企業は、単体で土地は購入することができません（例外として、コンドミニアムは区分所有法にもとづき外国人・外資企業も購入できます。このことは後述します）。

私たち日本人を含む外国人・外資企業がカンボジアの土地を取得する方法には、次の3パターンがあります。

① カンボジア人国籍を取得する
② 名義借り
③ カンボジア人・カンボジア資本企業との合弁企業を設立する

ただし、①～③ともリスクがあります。

「**①カンボジア人国籍を取得する**」ですが、そもそも日本では二重国籍は認められていません。発覚した場合、日本国籍を喪失します。そこまでのリスクを冒してまで投資しようという人はいませんね。

「**②名義借り**」は……いちばんおススメできない方法です（①以上に、です！）。

現地で親しくなったカンボジア人やスタッフ、婚姻したカンボジア人の名義を借りて土地を購入した話は現地で過去何度も聞いています。ところが、そのほとんどが土地も親しき人も消えてしまったという悲しい結末を迎えています。

そうなると、選択肢は事実上「**③カンボジア人・カンボジア資本企業との合弁企業を設立する**」に限られます。

具体的には、現地企業・人が51％、外資資本企業・人が49％の資本比率で合弁企業を設立すれば土地を取得できます。

注意しなければならないのは、パートナーの合弁企業による乗っ取りの危険性があることです。事実、東南アジアではよくあることです。なにせ51％の株式を握られているのだから、乗っ取りはありうるものと事前に想定し、会社は乗っ取りされても土地だけは乗っ取りされない対策を講じておくことです。

そして、保全に必要な費用を惜しまないことです。「保全」とは、言い換えると「実績がある弁護士にお願いすること」です。

前著『勝つためのカンボジア投資』にも書きましたが、弁護士の能力はピンキリです。能力のない弁護士に関わってしまうと事件発生時に法的プロテクトどころか、ただお金を払っていただけの役立たずにしかならず、事業投資そのものが立ち行かなくなります。

着手金を払ったにもかかわらず、いつまでたっても依頼した仕事が進まない。挙句の果てにいくらクレームや文句を言っても馬耳東風。弁護士の能力もさることながら、基本的な社会人としての「報連相（報告・連絡・相談）」やマナーがまったくできていない弁護士もいると日本人から聞くことがあります。私だけでなく、カンボジアでビジネスをしているほかの日本人の中にも〝被害者〟はたくさんいるのです。

ただ弁護士バッジを付けているだけの弁護士では意味がありません。実績のある、信頼のおける弁護士に依頼しましょう。

コンドミニアム物件は「外国人取得枠」に騙されるな

カンボジアでは外国人・外資系企業は土地の取得ができない、と言いましたが、コンドミニアムは外国人・外資系企業も単体で取得することができます。

ただし、地下と、地上1階の購入はできません。地上2階以上です。

また、コンドミニアムの総占有面積の70％を上限に外国人・外資系企業が所有できます。

隣国のタイやベトナムの場合、比率は外国人30％：現地人70％です。近隣の国と違って70％の購入枠があるので、外国人と現地人との間で二重価格が形成されにくいメリットがあります。事実、私の知る限りでは現在までにそのような二重価格が形成されたケースはありません。

私の場合は、カンボジア人の30％の購入枠を、コンドミニアム購入における指標の一つとしています。

外資系ディベロッパーが「外国人枠70％を完売！」など広告でうたっているのをよく見かけます。ところが、よくよく聞いてみると実はその裏でカンボジア人枠の30％のほうが販売不振だった、というのはよくあることなのです。現地情報に疎い外国人への広告活動が成功したというだけで、現地をよく知るカンボジア人からは評価を得ていない、ということがいえます。30％のカンボジア人枠の販売状況は絶対に確認しましょう。

加えて、第3章でお話しした「プレビルド販売方式」も、コンドミニアム購入時の注意点です。販売不振になると建設資金が集まらず、工事の遅延やストップ、最悪の場合はディベロッパーが「飛んで」しまうこともあります。販売会社の巧みな広告に騙されないよう、現地の建設現場を確認するなど情報収集に努めましょう。

面積表示の読み方にも注意が必要です。

カンボジアでのコンドミニアム販売広告には「グロス表示」「ネット表示」の2種類の面積の表し方があります。ネット表示は日本と同じ専有部（カンボジアではバルコニーは専有部分になります）のみの面積表示ですが、グロス表示は専有部に共有の廊下部分が上乗せされています。ひどい物件になるとエレベーター周辺部や専有部分以外のフロアまで共有部分に加えて水増しして、販売単価を割安に見せています。違法性はないのですが、他物件との比較ではネット表示で揃えて比較すべきです。

カンボジアでの不動産権利書は「ハードタイトル」で！

カンボジアで不動産ビジネスをするうえで必ず知っておかなければならないのは、カンボジア不動産の権利書「ハードタイトル」です。

カンボジアでの不動産権利書は、必ずハードタイトルで取引を行ってください。

日本とカンボジアにおける不動産法制度の大きな違いとして、カンボジアには建物の登記が存在しません。その代わり、土地の所有権を証明する制度として「ハードタイトル（Hard Title）」と「ソフトタイトル（Soft Title）」があります（title：権利書）。

ハードタイトルとは、カンボジアの建設省（Cambodia Urban Plan Ministry）によって公式に認定された権利書であり、カンボジアの土地所有権における最高位の権利とされています。日本の登記簿謄本のように現所有者はもちろん、過去の不動産所有権移転履歴や抵当権、賃借権などの権利関係も記載されています（実は、法制度整備支援ＯＤＡの一環で日本人の司法書士がひな形を作ったといわれています）。

一方のソフトタイトルとは、その不動産のある地区事務所の長（日本でいう市区町村長）が新旧所有者の売買契約書を公証したものです。

万が一（万が一、どころの確率ではありませんが）土地所有権を争うことになった場合、ハードタイトルとソフトタイトルでは、当然ながら前者が有利となります。ソフトタイトルでは、過去の不動産所有権の移転履歴も把握できないし、役所も保証してくれません。ソフトタイトルを持っている人物が本当に所有者なのかどうかすらも定かでなく、悪意のソフトタイトル所持者が多数の買主と重複売買するといった事件がたびたび起こっています。

このことをわかっていない（または知っていながら悪意で騙そうとする）コンサルが「ソフトタイトルは手続きが簡単ですぐに発行される権利書です」などと吹聴していますが、大変な誤りです。

現在はカンボジアでもソフトタイトルからハードタイトルへの移行が進んでおり、外国人がソフトタイトルで土地を売買するのはだんだん困難になっています。その面では取引の安全性は高まっているといえます。それでも、「不動産権利書は必ずハードタイトルで」は知識としてぜひ頭に入れておいてください。

ソフトタイトルのコンドミニアムには注意！

カンボジアには建物登記は存在しない、とお話ししましたが、唯一日本のマンションのような敷地権設定をされたコンドミニアムなら区分所有登記ができ、ハードタイトルが発行されます。

コンドミニアムのハードタイトルは２０１７年に初めて発行されました。私が手がけた「Ｊタワー１」は、２０１８年にコンドミニアムとしてカンボジアで4番目に（日系プロジェクトでは初めて）ハードタイトルが発行された物件となりました。

しかし、２０１７年前後に完成したコンドミニアムの中には、まだソフトタイトルのコンドミニアムが多数あります。コンドミニアムのハードタイトルは日本の敷地権設定のマンションと同じくらい重要です。「ソフトタイトルからハードタイトルに切り替えはできますよ」などと説明されても安易に信用しないよう気をつけましょう。

ハードタイトルには、残念ながら偽造も多いのが実態です。

現物のハードタイトルはA４サイズで、画用紙くらいの厚さ。表には住所と土地の大きさ、それと日本でいう「公図」、所有者、権利関係が表記されています。最新のハードタイトルはQRコードが付いていて、スキャンすると国土開発省のサイトに飛ぶようになっています。このようにカンボジア政府も偽造対策に力を入れています。

カンボジアで物件調査をする際にいちばん困るのが、カンボジア人がハードタイトルを見せたがらないことです。カンボジアの不動産登記法では誰でも閲覧できることになっていますが、現実には拒まれてしまいます。その理由として、金融機関の借入や抵当権設定などの状況を見られるのを、カンボジア人は恥ずべきことと感じるようです。役場に尋ねても、「おまえ、自分の銀行通帳を公開できるか？ これはプライベートだ」と現場解釈を押し付けてきます。

銀行が担保設定している場合は、銀行がハードタイトルを預かっています。見せられない場合は、「銀行からの借り入れはありますか？ 銀行が預かっていますか？」と質問するのがよいでしょう。それでも見せられない場合は、真の所有者でない可能性があります。

ハードタイトルの難点は、登録完了期間が長すぎること。土地取引の場合、手付金と中間金で半額を、残代金で半額を支払う形で取得手続きが進められます。中間金を支払った段階で登録手続きに入りますが、だいたい3カ月は待たされます。この期間にトラブルが起こりやすいのです。

たとえば登録手続きが進んだ段階で買主が残代金半額を払わないケースがあります。既に名義が売主から買主に変わってしまった後にトンズラしてしまうのです。また、逆に買主が中間金半金を払ったにもかかわらず、売主が登記手続きに入らないケースもあります。

こうしたトラブルを避けるためにおススメしたいのが、「エスクロー取引」で土地取引を行うことです。エスクロー（Escrow）取引とは日本ではなじみがない用語ですが、銀行など信頼できる第三者を売主・買主の間に介在させることで取引の安全性を担保する取引のことで、「第三者寄託」とも呼ばれます。

取引の相手方の身分が高いと「オレを信用できないのか！」などと高圧的な態度に

出る人もいますが、絶対に保全姿勢を崩さないようにしてください。

賃貸借契約で盛り込んでおくべき条項とは？

次に、不動産賃貸に関する注意点をお伝えします。

カンボジアで暮らすために個人で部屋を借りる。個人・法人でお店やオフィスを開く。投資目的で物件を購入し、賃貸する。不動産賃貸は投資家のみならず、現地でビジネスを考える方全般に関わりのあるテーマです。


第2章でもお話ししましたが、カンボジアには日本でいう借地借家法が存在しません。日本のように過度な賃借人保護はありません。借主貸主の関係はイーブンですが、実質的には「大家最強」です。貸す側であれば強気な姿勢に出られるのですが、借りる側となったら注意が必要です。

まず、契約期間の自動更新の条項はありません。日本であれば契約満期日までに貸主・借主のいずれからの申し出がなければ契約は自動更新されますが、カンボジアでは例えば賃貸物件に投資を行っていた場合、満期日が来て貸主が退去を求めたら対抗するすべはありません。

泣きを言っても聞き入れてもらえないので、最初の契約時に契約更新に関する条項をしっかりと設けておくべきです。でも、これがほとんどできておらず、泣きを見た日本人は私の知る限りでもたくさんいます。ただし、この本を書いている（2025年1月）時点で地価は上昇しているので、契約更新時に賃料増加の条件がなければ貸主はまずのんでくれないでしょう。

次に重要なのが「解約条項」です。賃貸借契約書に「解約時は、借主は前月末の1カ月前に、貸主は3カ月前に……」とよくありますね。それが解約条項です。

カンボジアの契約書ではこの解約条項がない場合が多く、途中解約すると残りの家賃の支払い義務が発生します。この解約条項も定めておくべきでしょう。なお、解約の条件は保証金の全額没収が一般的です。

反社会勢力条項も必須項目です。日本の賃貸契約書には必ずあります。日系企業で反社会勢力条項を設けているのは私たちJタワーシリーズと、センチュリー21富士リアリティのみです。

不動産を貸す場合も借りる場合も、賃貸契約書にはすみずみまで目を通し、必要な条項を設けておくようにしましょう。

最後に、カンボジアには不動産賃貸のユニークなルールとして「永借権」があります。永借権とは、期間を15年以上50年以下とする長期賃借権のことで、貸主の同意のもと登記ができます。また、賃貸人の承諾なく転貸・譲渡・担保権の設定が可能な権利です。

日系企業でもライセンスを保持していない業者はいる？

本章の最後に、カンボジアの不動産業における「ライセンス」の話に触れておきましょう。

カンボジアの不動産業における主要なライセンスには、次の3つがあります。

住宅開発ライセンス……アパートが 4 階建または邸宅が3階建もしくは住宅が4

ユニット以上の住宅サイズを取り扱う住宅開発事業に関するライセンス（第1種・第2種）

不動産代理ライセンス……専門手数料と引き換えに顧客に対して不動産代理サービスを提供するために会社またはその支店に付与されるライセンス

不動産管理ライセンス……専門サービス料と引き換えに不動産の所有者としてまたはその代わりに当該不動産の管理サービスを提供するために会社またはその支店に付与されるライセンス（日本貿易振興機構（JETRO）「カンボジア営業ライセンスマニュアル」より）

これらの不動産に関する事業を取り扱う者は、経済財政省（Ministry of Economy and Finance:MEF）から営業ライセンスを取得する必要があります。ライセンスの申請時、そして継続のたびに年間保険料が必要です。

ところが、カンボジアの開発業者の中には、建築確認申請もしていない、免許許可を取得していないなど、日本では考えられないほど非常識きわまりない業者が少なくありません。

違法建築、不動産免許、許可の不所持などの法規違反は、今後厳しく行政処分の対象となり、投資家や購入者にも悪影響が出てきます。ハードタイトルが発行されない事態になると、物件の保全どころか転売も不可能になってしまいます。

悲しいことに、在住日本人の中にも不動産業界の素人にもかかわらず、たくさんの人が仲介手数料を稼ぐ目的で不動産のあっせんに励んでいます。

口銭ほしさに必死にあっせんに走るその姿は、カンボジア人のトゥクトゥクドライバーとなんら変わりません。お客さまを案内したら必ず「オレが案内してやった客だから手数料を払え！」と言ってきます。別段否定はしませんが、「あなたに契約条項の確認ができますか？」と問いたいです。もっとひどい話になると、あっせんした不動産の売買代金を預かって使い込んでしまった日本人もいるそうです。

では、日系企業なら信頼できるか？　というと、そんなことはありません。

２０１４年、ある日系上場企業が建築許可、不動産ライセンス、不動産開発許可を受けないまま、日本で投資家向けのセミナーを行い、不動産を販売している実態が明らかになりました。この不祥事発覚によって同社の開発プロジェクトは頓挫してしまいました。

2020年には、ある日系大学が数年間、ライセンスを取得していないまま学生寮の販売を行っている実態が明るみに出ました。カンボジアでは3つ以上の不動産を販売する時は不動産開発許可が必要になります。同大学の代表は不祥事発生時、「ライセンスは必要ない」と豪語していましたが、2020年8月にこっそりと取得していました。そして、「ライセンスや許可があるのに、もっていなくて詐欺だと言われた」と、2021年にカンボジアで900万ドル（約13億円）もの訴訟裁判を起こしたのです。判決は「告発された時（2020年1月）には、ライセンスも許可を持っていなかった」と一審、二審でも訴えを棄却しました。高額な訴訟金額も驚きでしたが、この裁判では、私の自宅や会社に訴状が送達されなかったために（大学理事長の自宅に送達）、公判日を2日前に知ることになり、危うく欠席裁判で逮捕されるところだったことも衝撃的でした。不祥事発覚時に誠実な対応ができない反社会的な対応など、企業のコンプライアンス欠如が現れる恰好となりました。この大学の件は、追ってコラムで触れたいと思います。

不動産業にまつわるライセンスや不動産開発許可制度は、すべて消費者・投資家を保護するためにあります。カンボジアでも日本の宅建業と同じく免許は明示しなければならないものです。免許許可明示も消費者保護のためにあります。

物件の仲介はもちろん、物件の維持管理も、品質を担保するためにもライセンスを所持した業者に依頼しましょう。

COLUMN 6

「ジャパンクオリティ」の普及に貢献

カンボジアには工事が中断して放置されている開発プロジェクトが数多くあります。建設が途中で止まったり遅れたりしている物件は、中国系・韓国系のプロジェクトが最も目立っており、よく批判の槍玉に挙げられています。ただ、日系企業も現実は似たり寄ったりです。

裏を返すと、カンボジアをはじめとするアジア新興国の建設工事で工期を厳守するのは、それだけ大変だということなのです。その中にあって、これまで4棟の分譲コンドミニアムをすべて工期どおりに完成させた私たち「TANICHUU ASSETMENT」は、手前味噌になりますがカンボジアの不動産業界でも出色の存在といえます。

「バングラディシュで不動産開発を進めているのですが、なかなか工事が完成しないんです。どこに問題があるのか、谷さんの秘訣をぜひ教えてくれませんか?」

ある日系投資グループからご依頼をいただき、バングラディシュのダッカで3日間のセミナーを開く機会がありました。

日系企業の場合、技術的には大きな問題はありません。まずは整理整頓の大切さの話から始まり、ホウレンソウ（報告・連絡・相談）の重要性、工事の進め方といった管理面にテーマを絞って話をしました。

セミナーでは、現場リーダーを務めているという方から、タイル工事の遅れについて質問がありました。

「あなたはタイル工事の現場責任者の電話番号をご存知ですか？」

「いえ、把握していません……」

「それなら、あなたはどうやってタイル工事の現場責任者に遅延の理由を確認するんですか？　仮に材料の仕入れが遅れているのであれば、建材業者に連絡を入れ、納品を急ぐ手はずを整える必要があるでしょう？」

「確かに、そうですね……」

「工期どおりに完成させるためには、そんな一つひとつの確認作業と即時対応の積み重ねが大事なんですよ」

建設工事プロジェクトには多くの関係者が関わり、年単位の長期スパンで動いていきます。そのため、関係者の連携や情報共有がスムーズにできなければプロジェクトは必ず行き詰まります。そこで重要となるのが系統連携図です。発注者や設計者、工事監督者、施工業者、元請け・下請け企業など、建設工事に関わるプレーヤーたちがどのように連携し、情報が伝達されていくのかを一覧化した系統連携図があることで、関係者間の情報共有がスムーズに行えるようになります。その会社では系統連系図を用意していないとのことだったので、ぜひ導入するよう勧めました。

また、参加者に現場でのミーティング回数を尋ねてみると、「1日に1回のみ」とのこと。それでは決定事項の確認作業が翌日に持ち越されてしまうため、トラブルが発生した際の対処も後手に回ってしまいます。最低でも朝のミーティングで問題を洗い出し、その確認作業を昼までに行い、夕方までに対策を講じて夜に結果を共有し、翌日の会議までに状況を整理しておく……工期を厳守するにはこれくらいのスピード感が求められるのです。

セミナーの話題は、工事の効率化にもおよびました。例えばカンボジアではRCの構造体をズドンと最上階まで建てたうえで、地上階から順に内装工事を行うのが一般的な工法です。しかしこれでは工事の効率が悪いので、私の会社ではRCの構造体を5、6階まで建てた段階で内装工事をスタートし、以降は両者を同時並行で行っていきます。「複合工事」と呼ばれる手法で、工期短縮につながる半面、複雑な工程管理や搬入計画が必要とされる、現場監督の腕が試される工法です。

このように、私たちの手がけるスピーディーな工事は、噂が噂を呼び、ディベロッパーが当社の工事を見学に訪れる機会も多くなりました。私も隠すつもりはないので、自社のノウハウを惜しみなくシェアしています。その結果、この国でも複合工事が徐々に主流になりつつあります。カンボジアのみならず東南アジアの不動産業界において、微力ながら「ジャパンクオリティ」の技術やノウハウを広めることに少しは貢献できたのではないか。そう自負しています。

第7章

「Jタワー2」でさらに確立したカンボジアでの地位

「カンボジア初」を多数獲得した「Jタワー1」

ここまで、カンボジアという国と、その不動産投資環境のメリットや注意点などについてお話ししてきました。本書を読み進めてきた読者の皆さんは、たくさんの知識をインストールし、かなりの「カンボジア通」になったのではないでしょうか？

ここからは少し話題を変え、私、ジェット谷の「カンボジア奮闘記」をお届けします。

さかのぼること7年前の2018年1月末日。日系初となる分譲24階建てタワーコンドミニアム「Jタワー1」は完成しました。

カンボジアの広々とした青空に、膨張色の白が映えるスタイリッシュな外観。プノンペンの一等地・ボンケンコン（BKK）1エリアにさっそうと屹立するその姿は、同エリアのランドマークにふさわしい存在感を放ち、大きな注目を集めました。

特別な広告宣伝活動をしないまでも入居希望の問い合わせが毎日のように来て、

２０１５年9月の販売開始から5週間でユニット１０７戸が完売。カンボジア国内でのコンドミニアム販売最短記録という〝伝説〟を打ち立てました。しかも、工事竣工前に完売したのもカンボジア初です。

建設工事が2年、3年と遅れるのが当たり前のこの国で、工期を厳守して完成したのもカンボジア初。不動産の所有権を証明するハードタイトルをコンドミニアムで発行したのも日系企業では初です。完成後、販売開始時価格より値上がりを続けているのもカンボジアでは類例がありません。そのほかの項目でも、Ｊタワー１は数々の「カンボジア初」「日系初」のタイトルホルダーとなりました。そのため、ほかの日系プロジェクトが日本人投資家に向けて物件の広告を打つ際に、「日系初」ではなくわざわざ「日系上場企業初」とまどろっこしく表記しなければならなくなったほどです。

「Ｊタワーの5部屋が満室となり、利回りはグロスで13％。家具や備品、諸経費など運営費用を含めたネット利回りでも11％程度を確保。キャピタルゲインも25％から30％は出て取引されています」

投資家であるオーナーの皆さまから、こうして投資成果をご報告いただくことが、私にとって何よりの喜びです。賃貸付けも100％達成でき、順調に賃料収入を得ていただいています。

43階建ての「Jタワー2」プロジェクトが始動

このJタワー1の工事期間中から、休む間もなく私は次の開発プロジェクトの構想に取りかかっていました。

BKK1という立地特性上、大使館や外資企業に勤める外国人が入居者のマジョリティを占めるのですが、その多くは出身国から単身でカンボジアに赴任しています。しかし、BKK1エリア周辺のコンドミニアムを調べてみると、1ベッドルームのタイプばかり。それもそのはずで、1ベッドルームのほうが建設コストを抑え、販売価格を下げられるからです。

それなら、ほかとの差別化を図るために、これまでになかった2ベッドタイプのコンドミニアムを提供してみるのはどうだろう？　それなら単身者が家族やパートナー、友達を呼びやすいし、よりゆとりをもったライフスタイルが実現できるのではないか――そんなアイデアから、私は「Jタワー2」のコンセプトを構築していきました。

まるでホテルのようなラグジュアリーな住環境。プノンペン全体を見渡せる43階の圧倒的な眺望。最上階にはスカイバーとインフィニティプール。住人専用のプライベートラウンジやスポーツジム。プロの警備チームによる24時間体制のセキュリティ……日々の仕事で忙しいビジネスパーソンが、タワーマンションでのプライベート空間を安心して楽しめるようなファシリティやサービスを盛り込んだこのJタワー2は、2018年12月に建設工事を開始しました。

このJタワー2のプロジェクトをリリースしたところ、私たち「TANICHU ASSETMENT」がこれまで手がけた3棟の実績、とりわけ直近のJタワー1の実績が高く評価され、デザインが上がる前の段階でなんと8割もの購入申し込みをいただきました。そして、2019年2月の正式販売開始から5週間で全室が完売！

またしても、カンボジア不動産業界を驚かせる〝伝説〟を打ち立てたのです。

現場のワーカーへの指導と労務管理を徹底

コロナ禍においては2020年11月から入国規制でカンボジア入国後は14日間の隔離期間が義務付けられました。2021年4月からはロックダウンに入り、3カ月間の建設現場への立ち入り禁止も余儀なくされました。私たちのプロジェクトは幸いにも、それまで工事が当初計画より4カ月先行していたので大幅にスケジュール変更をしなくて済みましたが、それがなければ……と思うとぞっとします。

2021年4月、ロックダウンに入るとカンボジア国内でもコロナウイルスを意識し出す人が増え、プノンペンから田舎に戻る人の流れが始まりました。ワーカーの多くも田舎に帰ってしまう始末。一時はどうなることかと思いましたが、それでも2021年12月時点でなんとか当初計画の工程に追いつきました。

このコロナ禍というピンチに見舞われながら、工期厳守のためにも私は人事や契約の大幅な刷新を断行しました。能力が悪く、指導しても改善の見られない監督を多数解任したり、施工効率の悪いグループとの契約を解除したりと、断腸の思いで大ナタを振るいました。

同時に、現場ワーカーへの教育・指導を徹底しました。といっても難しいことではありません。基本の基本である現場の整理整頓と清掃を怠らず行う習慣をつけさせることです。一見時間がかかるように思えますが、実はそのほうが作業効率がアップすることを、カンボジア人のワーカーたちに繰り返し教育していきました。

私も建設現場ではこれまで以上に厳しい姿勢で臨んだので、現場のワーカーにとっては「またあのうるさいボスが……」とうんざりしていたことでしょう。それでも、ワーカー一人ひとりに自覚が芽生え、ジャパンスタイルの整理整頓や作業効率を身に付けていきました。若いカンボジア人の成長ポテンシャルは本当に大したものだ、とつくづく感心します。

おっと、誤解なきように！　私たちの現場では工期を守るために現場のワーカーを不当に働かせることはしていません。

私たちのエリアでは近隣環境に配慮し、朝は8時スタート、昼は11時から13時まで休み、そして工事終了は夜7時までを厳守しています（コンクリート打ちの日は除きます）。日曜・祝日は休みです。ほかのプロジェクトより短い時間で建設工事を進めました。

日本では当たり前のことですが、カンボジアでは労働法規も未整備です。ひどい現場では、日曜・祝日関係なく24時間工事を行い、朝5時から重機を動かしていたところもありました。

工期厳守だからといって、ムリなスケジュールを強いると、ワーカーの不満による離職や事故のリスクも高まります。しかも、カンボジア人ワーカーの多くは年齢も若く、体力もあるがゆえにムリをしてしまいがちなのです。

仕事ができる若いワーカーほどセーブさせ、こまめに休憩を取りながら工事をするように指導してほしい。各現場を任せている監督たちにはそう伝えました。手前味噌ですが、こういったこまめな指導と労務管理があればこそ、カンボジアに進出してから手がけたすべてのプロジェクトで、建設工事事故ゼロを継続できているのです。

日系大手商社現地の社長に「アホかおっさん！」

コロナで現場が３カ月閉鎖で作業ができない、世界中の物流が止まって納期通りに資材が届かないなど厳しい工期をなんとか達成しようと私が必死でワーカーを叱咤激励したり、資金繰りに奔走したりする中で動揺してしまったのが、スケジュールに甘い日系企業の対応です。もちろん、コロナ禍を受けてのロックダウンや原材料費・輸送費の高騰で調達などに苦慮している事情はわかります。でも、そういうときこそ、さすが日本を代表する大企業！　とこちらを感心させるような仕事ぶりを見せてほしいものです。

まずはトイレ関係。ここでは名前は伏せますが、ある日系のトイレタリーメーカーに２０２１年の10月に発注をかけていました。引き渡し予定は翌年の2月末です。それが、２月の初めという直前になって「在庫がありません」と言い出してきたのです。タイの工場での製造が追いついていない、と言うではありませんか！

「え？　この期におよんで何を言うてんの、おまえら！」と私が一喝したら、向こうの代理店の社長もビビってしまって、方々を探し回ってなんとかマレーシア製の商品を納品してくれました。やればできるやんか……。

もう一つ、私が激しくやり合ったのは、日系のエレベーターメーカーの設置工事です。取引先として、日系大手商社のタイの現地法人が入っていました。

エレベーターの引渡予定が２０２２年２月１日。前年９月から工事に入る予定だったのに、ワーカーが現場に入っている様子がありません。私は「?」と思い、エレベーター施工を担当する社員を呼んで聞いてみました。

「なんで日系大手商社は工事に入ってないの？」

「あ、実は当初の予定から７カ月遅れる、と言われてまして……」

その日本人の社員は、天下の日系大手商社が言うものだから、大した交渉もせずに向こうの納期の遅れを「ハイ」と受け入れてしまったのです。

「アホか！　お前はどこの社員や！（うちか？　エレベーター会社の社員か？）」と私は怒って、

急きょタイの日系大手商社の社長とウェブ会議の場を設けさせました。

「なんの報告もなく勝手に7カ月も納期を伸ばすとはどういうことや?」と私が尋ねると、相手の社長は言い訳に終始します。

「アホかおっさん!」

しまいにはブチぎれて、画面越しの社長に向かって怒鳴り散らしてしまいました。

「いや社長、タイで日系大手商社の社長と言ったら、大使の次の上級国民ですよ。その人に向かって『アホかおっさん!』なんて……」ウェブ会議が終わった後、うちの社員は呆れて笑っていました。

でも、私にはなぜ7カ月も遅れるのかどうしても理解できないのです。そこで、今度は日系エレベーターメーカーのカンボジア出張所の担当者に直接聞いてみることにしました。

「本体を動かすモーターを作るのに時間がかかるのはわかるよ。でも、本体の箱とレールは、倉庫に在庫はないの？」

「いや、ありますよ」

「え？　ほんなら、工期がなんで7カ月も遅れるの？」

「1班の施工班しか使わないからですよ。全エレベーター5台、5班でやれば納期遅れませんよ。できますよ！」

「だよな！　頼むわ！　頑張ってくれ！」


こうなると話は変わってきます。後日、「アホかおっさん！」のタイの日系大手商社社長と2回目のウェブ会議に臨みました。


「社長、カンボジアの駐在所の社員は『できる』言うとんで」

「えっ、誰がそんなこと言ったんですか？」

「誰が?!　いや、今は犯人探ししとる時とちゃうやろ?!　完成させるのが大事なんちゃうんか？　できる言うてんやから、なんとか段取りをつけろ！」

それでも向こうはウダウダと言い訳ばかり。結局そこではらちが明かず、３回目のウェブ会議を設けることになりました。

その会議にはタイ日系大手商社の30歳手前の若手社員がいたので、いいかげん頭にきていた私は、こうなったらケンカ腰でいこうと、かなりきつい言い方をしました。

「専門は何やねん？　ほんまに建築経験あるんか？　なんの資格あるか言うてみろ！まさかオレの目の前で『ＴＯＥＩＣ900点』って言わんやろな？」

「いや社長、怒るのもわかりますが、でも弊社が預かっている現場は社長のところだけではないんですよ。社長の現場だけ優先するわけには……」

「ダボか！　ほかの現場なんかどうせ工事止まっとるやろ！　他の製造ラインを一時的に止めて、うちのエレベーターに集中させるべきやろが！　日本人のプライド見せんかい！」

会議ではこちらも頭ごなしに怒り散らかすことはせず、「こうすればいいのでは？」と彼にやり方を教えてあげました。そうすると、さすがは天下の日系大手商社。社員は優秀でした。こちらが言わんとしていることを瞬時に理解してきぱきと仕事を進めていきます。「納期1カ月遅れでよろしいでしょうか」まぁ1カ月遅れならしゃあないとこちらもようやく矛を収めました。ここでアホかと言ってしまった社長、優秀な若手社員の名誉のために書かなければなりません。実は納期遅れは世界的な半導体不足が原因でした。ちょうど2021年はアルファードや給湯器までが生産できない状態でした。それをJT2完成1年後に「実は……」と教えてもらい、「俺もきつく言いすぎたな、でも逆に本当の理由を聞いていたら、『コロナで半導体がない。遅れても仕方がないか』になっていたかもしれない」と思いました。どやされても何も言わずに仕事を進行させてくれた先方に感謝です。

そしてどうしても書かなければならないことは、日系大手商社の施工班の仕事への責任感、やり遂げようのファイティングスピリッツは見事でした。今でも思いだすと目頭が熱くなります。

私も現場に出向いて毎日施工班ひとり一人に声をかけていきました。カンボジアの建設現場では、16時ごろになると屋台が来ます。ラーメン、焼きそば、おかゆ、団子。私はよく働いてくれるように、「俺が屋台を買い取る！好きなだけ食べてくれ！」と、豪勢に振舞いました。屋台買い占めても大した金額ではないですが、こちらの感謝の気持ちを示したかったのです。当初は作業終了時間が17時の予定でしたが、残業がどんどんのび、最終的には翌朝2時まで頑張ってくれました。屋台は21時にもう一度買い占めて好きなだけ食べてもらいました(笑)。日系大手商社の頑張りのおかげで、JT2の納期を守ることができました。

大手であろうとなかろうと仕事は仕事。私ははっきりとものを申します。でも、彼らの名誉のために言いますが、私が一喝してからの日系大手商社の仕事に対するファイティングスピリットはすばらしかったの一言です。当初の7カ月遅れを最終的には1カ月遅れにまで短縮してくれたのですから。また、ここでも現場のカンボジア人のワーカーが本当に頑張ってくれたことを付け加えておきます。こうして、地下3階から地上43階までの危険な高所高層工事にもかかわらず、エレベーター施工工事は無事故で終わりました。ご苦労さまでした!

ちなみに、Jタワー2のエレベーターはカンボジアでは一番の最速で最新エレベーターです。このエレベーターに乗ると、他のエレベーターに乗った時に遅さを感じてイライラします（笑）。もちろん、メーカーの毎月のメンテナンスは徹底しており、非常に安心・信頼できます。

丁々発止のやり取りを経て、今は絶対の信頼のエレベーターとなりました。みなさんもぜひ、Ｊタワー２にお越しになって確認してみてください。

完成間近でまさかのストライキ？

「社長、実はちょっと相談がありまして……」

Ｊタワー２の完成が目前に迫った、２０２２年２月のある日。建設現場の総監督を務めるカンボジア人社員のＡ君が、焦燥し切った顔でやってきました。

Ａ君は11年前、創業し立ての頃に学生インターンシップで私の会社に来てくれた青年で、私にとっては子飼いの部下です。ときには机を蹴り上げて怒鳴りつけたこともあるほど徹底的に鍛えたのですが、私の期待に応えて成長し、当社に欠かせない戦力になってくれました。その彼を、今回のＪタワー２の総監督に抜擢したのです。

私も、それまで工事がやや遅れ気味なことが気になり、折を見てはA君に「大丈夫か？」と声をかけていたのですが、そのたびに彼は「大丈夫、大丈夫」と答えていました。このペースで納期間に合うか？　の疑問はありましたが、彼を信用していました。

ところが、その日はA君の顔色が明らかに悪い。「おまえ、ホンマに大丈夫なんか？」と聞いたら、彼はようやく打ち明けてくれました。

「実は、業者が全員、一斉放棄して現場から引き上げる、と言いだしてしまって。これでは施工期間を守ることはできません……」

土壇場の仕上げの段階になって、急にストライキを起こし、今後の一切の仕事を放棄する、というのです。こういうことは、カンボジアに限らず日本の現場でもあることなので、私は落ち着いて彼に尋ねました。

「ほうか。まるでクーデターやな。で、どうする？」

「社長自ら出ていって、『おまえら、それだったら工事代金は払わんぞ！』と一言言ってくれませんか。それで、彼らを現場に戻してください」

Ａ君は憔悴しきっていて、今にも泣きだしそうな表情です。彼は私にどやされると思ったのでしょう。さすがの私もここで怒りをぶつけるわけにはいきません。私は全く彼を怒る気がしませんでした。むしろよく頑張ったと、こう言いました。

「いやいや、おまえはようやったよ。ぜんぜん恥じることはない。わかった、ここからは全責任はオレが持つから任せとけ！」

ミッドウェー海戦時の山口多聞長官のように（といっても例えがわからないかもしれませんね）カッコつけたセリフをはき、私はこのストライキ問題をＡ君から引き取ることにしました。

とにかく今やらないといけないことは、３月に入居するお客さまのためにも工事を間に合わせること。遅れることは絶対に許されません。まず工事完成１００％は諦めよう。納期が過ぎても後からできること、入居者が生活に困ること以外は後回しにしよう。85％完成に目標を切り替えよう、ただし入居希望者があれば契約通り2022年3月1日からできるようにすると彼に指示しました。それは絶対に死守しようと。次は現場を離れた業者たちの対応です。私はすべての業者に連絡を取り「明日の17時に集まれ」と伝えました。

ようし、かわいい部下のためにも業者にはガツンと言うたるぞ！　後日、指定した時刻に業者がぞろぞろと集まってきました。彼らも自分がやっていることはわかっているわけですから、雇い主である私からカミナリを落とされるのを覚悟していたことでしょう。ところが、彼らを前に私が発したのは、思いもよらぬ一言でした。

「皆さん、いつもようやってくれて助かっています。ありがとう！　我々の仕事というのは、コロナでどこもが工事が止まっている中、工期どおりに完成させるという偉大なことに挑戦しているんです。そのことに誇りを持ってほしい。あともう少し頑張ろう！」

そう言って、深々と頭を下げたのです。あれ、ガツンと言うはずだったのに？……自分でもなぜか反射的に気が変わってしまったのです。

隣にいたA君は、キツネにつままれたような表情を浮かべています。社長が怒ってくれると思っていたのだから、そりゃそうですよね。ポカンとしたのは、集まった業者たちも同じです。一瞬の静寂の後、緊張が解けたのかホッとしたように笑顔を浮かべ、私と一人ひとり握手を交わし、その日は帰っていきました。そして翌日。すべての業者が現場に戻ってきてくれて、工事は無事に再開。みんな、これまで以上に熱心に働いてくれるようになったのです。

この一連の騒動を振り返ると、総監督のA君も工期厳守のプレッシャーから「おまえら、工事に遅れたらあかんぞ！」と現場のワーカーたちを追い詰めていたようです。これは私たち日本人でもそうですが、正論で詰めすぎると逃げ場がなくなって、最後は窮鼠猫を噛むように反逆するしかないのです。もっとも、私もA君を追い詰めている側だったのかもしれませんね……反省です。

あわせて、現地のカンボジア人ワーカーへのリスペクトが大事なんだ、と再認識し、私自身にとっても学びになりました。「トップはオレたちの気持ちをわかってくれているんだ」と安心してくれたことで、私を信頼し、現場に戻ってきてくれたのです。

「Jタワー2」でカンボジアでの地位をさらに確立

2022年4月。再三のピンチもなんとか乗り越え、43階建てタワーコンドミニアム「Jタワー2」は無事、工期どおりに完成しました。

カンボジア国内で、コロナ期間中に建物が完成したコンドミニアムはわずか3棟しかありません。その中でも、契約納期に遅れなかったのはJタワー2だけ。そのことがカンボジアの不動産業界にも広まり、タワーコンドミニアム開発会社としての「TANICHU ASSETMENT」の地位はさらに確固たるものになりました。

それに、ゼロから建築許可と不動産ライセンスを取得し、開発を主導し、完成させ、引き渡し後の物件の運営まで一貫して担っている会社は、実は「TANICHU ASSETMENT」しかありません。

海外に進出している日系大手ディベロッパーの多くのビジネスモデルは、現地会社のプロジェクトに出資をして開発をサポートし、売上のレベニューシェアをもらうというビジネスモデルです。わかりやすくいうと、彼らの立場は「開発業者」ではなく「出資者」であり、現場で汗をかいていないのです。

ここまでも再三お話ししてきましたが、多くのディベロッパーが「売ったら終わり」という姿勢をとる中、その後の維持管理まで担っているのは当社だけです。せっかく物件を購入してくれたオーナーの期待に応え、資産価値を維持・向上するためにも30年、50年、場合によっては100年付き合いをしていく覚悟を持っています。

セキュリティもその一つで、「Jタワー」シリーズではプロの警備チームによる24時間のセキュリティ体制を敷いています。カンボジアで仕事や生活をするうえでは安全の確保は何にもまさる最優先事項です。入居者管理も同様で、ほかの入居者が威圧感を抱いてしまうような入居者は、力ずくでも追い出しています。

43階建てのタワーコンドミニアムというプノンペンの新たなランドマークを築いた実績と、「100年付き合う覚悟を持つ」姿勢が、カンボジアの不動産業界でもカンボジア政府の間でも一目置かれる形になりました。だからこそ、次なる超大型開発プロジェクト「Jタワー3」に対するカンボジア政府の許可が下りたのです。

COLUMN 7

横行する日本人の不正との戦い

何も知らない日本人に怪しい投資案件を呼びかける、無許可で平然と不動産事業を行う……そんな詐欺師まがい（もとい、本物の詐欺師もいます！）の日本人や団体がカンボジアにはたくさんいる、という実態については本書でもたびたび触れてきました。

成長著しいこの国でビジネスや投資にチャレンジする人々にとって、こういった輩の存在はまったくもって害悪でしかなく、カンボジアの投資環境に深刻なマイナスイメージをもたらしています。その実態を看過できないと思った私は、2014年10月に有志とともに「カンボジアでの不正を許さぬ会」を発足。カンボジアに進出する企業や投資家に対して正確な情報を提供・発信するとともに、トラブルが発生した際の駆け込み寺の役割を担っています。YouTube「カンボジア不動産チャンネル」やブログ「カンボジア不動産ブログ」で日本人の不正の実態を開示し、注意喚起し続けているのも、その活動の一環です。

Jタワー2の建設を進めていた時期にも、私はある詐欺師まがいの集団の実態を開示し、彼らと戦い続けていました。読者の皆さんにも注意を促す意味で、その実態の一部をご紹介します。

Facebook上に、「海外不動産投資アマチュア投資の会」というプライベートグループがあります。私の友人が管理者を務めるこのグループでは3000人を超える海外不動産投資家（や投資に関心のある人々）が集まって情報交換をしています。

2018年8月のある日、そのグループに「キリロム工科大学」の営業マンを名乗る男から次のような投稿がありました。

「家賃保証、買取保証付きの学生寮（5万ドル）に投資しませんか？」

「キリロム工科大学」とは、日本人を中心とする法人が運営する全寮制の私立大学です。首都プノンペンから車で約3時間、カンボジア西部・コンポンスプー州の「キリロム国立公園」の敷地内にキャンパスがあります。

もともとはそのキリロムでリゾート開発をしていたある日本人起業家（ここではI

氏としましょう）が、日系企業などの寄付を募り、キリロム工科大学を設立しました。カンボジアからＩＴ人材や起業家を育成・輩出するという触れ込みで、カンボジア人学生は学費・生活費が全額免除されます。日本のテレビでドキュメンタリー番組も放映されていたのでご存じの方もいるかもしれません。

そんな慈善家精神にあふれたキリロム工科大学が、学生寮への投資を募っている……？　その時点で、私は怪しい臭いを嗅ぎつけました。

キャンパスのあるキリロム国立公園は、標高６００メートルの山奥で、日本でいう軽井沢のようなリゾート地です。Ｗｉ－Ｆｉも光ファイバーもなく、電気も水道も通っていない山奥など、不動産の価値はないも同然。しかもそこは国立公園の敷地を借り受けている借地なのです。

それに、カンボジア人学生は学費から寮費、生活費まで無料で、大学の収入源は企業などからの寄付金と、日本人を含む外国人学生から徴収する学費・寮費のみです。当然運営コストもかかる中で、家賃保証や買取保障の原資をどう生み出そうというのか？　善意の寄付に永続的に頼るわけにもいかないでしょう。

そもそも2018年の時点ではカンボジア人学生が160名、有償の日本人学生が20名という状況でした（大学側は学生を3万人にする、との計画を掲げていますが……）。カンボジア人学生の学費と生活費を無償で提供するのなら、最低でもカンボジア人学生と学費有償の日本人学生が200人ずつ、全学生が400名以上にならないと計算上は帳尻が合いません。

壮大な理想を掲げるのはいいのですが、計画に実現性がなく、投資スキームが成り立つのかはなはだ疑問です。調べてみると、大学の母体である会社が手がけているゴルフ場開発などのリゾート事業もどうやら黒字化していない模様です。

私はその営業マンに、グループ内でこれらの質問をぶつけてみました。後日、彼から返ってきた回答は「正しく理解できれば、この投資がいかに素晴らしいものかわかります」でした。

完全にバカにしています。私は頭にきて「正しく説明しろ」と追及すると、結局それ以降は回答がなく、知らぬ間にグループも退会していました。

この投資案件は、次から次へと投資資金を集めては配当するタコ足配当（ポンジスキーム）の疑いがある――私はそうにらんで、そのことを自身のブログでも告発しました。

すると、キリロム工科大学の創立者で学長も務める張本人のI氏が、自らブログにコメントを投稿してきたのです。

「私には日本大使館や日本商工会とのつながりがあります。東南アジアの起業家グループWAOJEの初代理事も務めています。我々にはこういうバックがついているので、あなたなどそもそも相手にする価値がありません」

そして、投資スキームへの疑問にはまったく答えず、大学の理念を長々と書き込んできました。争点をずらしているわけです。

私はますます腹が立ち、キリロム工科大学の経営の実態を調べては、その危うさや学生寮の家賃保証・買戻保証のスキームの脆さをブログに投稿し続けました。

すると、当初は高圧的な態度に出てきたI氏から、突然手のひらを返したように、「今は創業時期でなかなか資金繰りが苦しいところです。今後ともご理解をお願いします」とメッセージが届きました。そうか、降参してきたか。私も武士の情けを見せ、「第1ラウンド」はいったん幕引きとなりました。

私の告発が契機となったのか、そこから2019年11月までの1年以上にわたり、キリロム工科大学の学生寮はまったく売れなかったようです。もっとも、私が妨害したわけではなく、投資家の皆さんが冷静に判断した結果でしょう。

しかしこれで終わりではありませんでした。

2019年11月、同大学は日本のベンチャーキャピタルから5000万円の出資を受け、息を吹き返します。それはそれで結構なのですが、今度はある投資家から「I氏がとんでもない投資セミナーをやっている、注意喚起すべきでは？」とタレコミがありました。なんでも、I氏が「自分たちのプロジェクトは解散時には100億円の価値がある」などとセミナーで吹聴しているようなのです。

セミナー参加者の証言によると、なぜ解散時に100億円の価値があるのか聞いたところ、「ロシア人が300~500億円で買いたいと殺到しているが、今は断っている」とのこと。根拠なきデタラメもいいところです。

私は再び自身のブログで「I氏がまた変なことをやっている。要注意だ！」と告発しました。すると大学側は、私がブログを書いていたインターネットサービスプロバイダに「誹謗中傷だ」と削除要請を出しまくって、挙句の果てに私のブログはBANされてしまいました（I氏はIT企業の出身だから、日系のプロバイダとのつながりがあるのでしょう）。

さらにI氏は「同業の不動産業者から誹謗中傷を受けているので訴訟を検討しております」とツイッター（現X）に投稿してきました。おいおい、何が「同業者」だ。同業者ならライセンスを見せてみろ！　という趣旨をネット上で書くと、そのツイートは後日削除されていました。実際にキリロム工科大学に出向き、ライセンスの有無を確認しに行ったところ、はっきりとした回答は得られませんでした。やはり、ライセンスを持っていないことは明らかでした。

結局、このライセンス有無をめぐって、私はキリロム工科大学の運営法人から、東京地裁に名誉棄損で訴えられ、カンボジアではなんと900万ドル（13億円）の裁判で訴えられました（一審、二審とも勝訴、キリロム側棄却）。

Jタワー2の建設中という大事な時期に、この訴訟に多くの時間とお金を割かれてしまいました。

そんなキリロム工科大学ですが、実は学生の側からも訴えられています。2020年2月、入学前の説明とはまったく異なる学校運営を疑問視し、改善を求めた学生に対し、大学側は一方的に強制退学処分を下すという非人道的な行為を行いました。その元学生たちは帰国後に被害者の会を発足させ、同年6月4日、大学運営会社や理事長らに対し約5290万円の損害賠償を求める集団訴訟を神戸地裁に起こしています（2023年10月に和解が成立）。勇気を出して声を挙げた彼らの活動も、実は私が陰で支援してきました。

こういった日本人の詐欺行為に対する告発には、当事者の恨みを買い、誹謗中傷を受けたり訴訟を起こされたりするリスクがあります。それでも、不正や非人道的な行為は絶対に許してはならない。カンボジアの投資環境を浄化し、日本人への信頼を回復し、多くの投資を呼び込むためにも私はこの地で戦い続けていきたいと思います。

第 8 章

カンボジアの発展と威信の象徴へ
――一大プロジェクトへの挑戦

「投資が先」から「住むが先」への逆転の発想

2022年4月に無事竣工した、43階建てタワーコンドミニアム・Jタワー2の購入者の約4割は、現地のカンボジア人でした。カンボジアの財閥や経営者などの富裕層で、日本なら何億するんだ？　と目玉が飛び出るような豪邸に住んでいる人ばかりです。彼らはもちろん投資目的でJタワー2を購入してくれました。ところが建物が完成すると、その多くが投資に回さず、自ら住み始めたのです。

一度住んでみると、役所にも職場にも近い好立地で、生活に必要な施設や店舗は歩ける範囲になんでも揃っています。コンドミニアム内にはスカイバーもプールもフィットネスジムも完備。掃除もベッドメイキングもしてくれて至れり尽くせり。この快適な生活を満喫しているうちに、しまいには週末にも郊外の自宅に帰らないようになったのです。実際、彼ら入居したカンボジア人と会って話してみると、「いや〜、ここでの生活を楽しんでいますよ！」と満足げな笑みを浮かべてくれます。

購入者の中には、私と同様にコンドミニアムを建設している不動産会社の役員や幹部もいます。「お宅の物件は買わないんですか?」と尋ねると「投資用には買ったけど、あんなところには住みたくないよ。お宅のJタワーとは違うからね」とニヤッと笑っていました。

「なるほど。これはそろそろ現地の人にも投資用だけでなく、実需としてのコンドミニアムのニーズが出てくるぞ……」

カンボジアの富裕層の反応を見て、私はそう直感しました。実需として、日本のような広い間取りの住環境が求められているのではないか、と感じたのです。

これまで開発するコンドミニアムを計画する際には、投資物件であることを前提に利回りなどをシミュレーションしながら間取りや広さ、設備を決めていました。でも、次に建てる物件は、実際に住んでもらうことを前提に、最高級品質のコンドミニアムに挑戦してみよう──そう思ったのです。そうしてカンボジアの富裕層の支持を得られれば、結果的に投資物件としての魅力も高まるだろう、と。いわば「投資が先、住むが後」から「住むが先、投資が後」への逆転の発想です。

私は、少しずつアイデアをふくらませてみました。

現地の富裕層が家族で住むとなったら、一戸建てぐらいの広さが必要だな。それなら、１００平米以上の３ＬＤＫタイプの物件を出すのはどうだろう？

３ＬＤＫのファミリータイプのコンドミニアムは、プノンペン市内のコンドミニアム全体の18％しか占めていません。しかも40階以上の高層階となると１％にも満たない。それだけ希少ということは、投資物件としても大きな差別化ポイントになります。


もう一つ、アイデアとして浮かんだのは「究極の引きこもり」になれる住環境です。

Ｊタワー2に入居している方は、半ば冗談で「ここに住んでからすっかり引きこもりですよ〜」と笑いながら話してくれます。仕事もコロナを境に自宅でリモートワークできるようになったので、極端にいうとデリバリーを受け取りに1階のエントランスに行くのが唯一の外出だ、と言うのです。それだけ、彼らにとってはコンドミニアムで1日の生活が完結している、ということです。

それなら、部屋の引きこもりではなく、いっそのこと「コンドミニアム全体の引きこもり」になれるくらいの建物を作ってやろう！　こうして、新たなタワーコンドミニアムプロジェクト「Jタワー3」の構想は生まれました。

ライバルはマンハッタンの最高級コンドミニアム

「ライク・セブンスターホテル」――Jタワー3を計画するにあたって、私はこのコンセプトを打ち出しました。Jタワー2のコンセプトは「ライク・ホテル」。それよりさらにグレードアップした「7つ星ホテル」クラスを目指そう！　というものです。

私はこれまで世界各国の高級コンドミニアムを回っては研究に研究を重ねてきましたが、ドバイのコンドミニアムなどは正直大したことはありません。本当の意味で最高峰といえるのは、ニューヨーク・マンハッタンのパークアベニューのコンドミニアム。どうせ作るなら、このマンハッタン級のコンドミニアムと肩を並べる、最高級のスペックを備えたコンドミニアムをプノンペンに実現しよう、と考えました。

Jタワー2をもさらに超える、320メートル級の「スーパートール」の高層階。最上階のスカイバーやスカイプールはJタワー2に引き続いて設けます。周りには眺望を邪魔する建築物は何もありません。鳥も飛んでいるのか？　と思うくらいのブルースカイを背景に絶好の「映え」写真が撮れるでしょう。

ファミリー向けというコンセプトをふまえ、プールはラグジュアリーなインフィニティプールと、ガンガン泳ぎたい人向けの競泳用プールを2種類用意し、多様なニーズに応えます。そうだ、親子で楽しめるようにウォーターパークも入れよう。水が溜まるとひっくり返るウォーターバスケットがあれば子どもたちも喜ぶぞ。

ラグジュアリープールには、ジャパニーズスタイルの大浴場を併設します。ドライサウナと水風呂、スパも完備します。朝に浴場でひとっ風呂浴びて、同じくコンドミニアム内に設けるゴルフシミュレーターでゴルフを楽しみ、またお風呂でひと汗流す、の一連のアクティビティが、外出せずとも完結するというわけです。


Jタワー3では、ファミリー向けのアクティビティも充実させます。とくにこだわったのはカラオケとボウリング場です。

2022年に、アメリカの不動産協会の方がJタワー2を視察に訪れた際に「このコンドミニアムには、カラオケがないですねぇ。いま、最先端のコンドミニアムにはすべてカラオケがありますよ」と言われてカチンときたので、満を持してカラオケルームを入れました。また、私がかつて9年間住んでいたアメリカのコンドミニアムにはボウリング場があったので、2レーンのボウリング場も導入しました。

2023年に不動産協会の方々が視察に来られた時には、「今は最高級コンドは住人専用のレストランを設置するのがトレンドですよ」とアドバイスを頂きました。そこで「食」も充実させ、住人専用のプライベートレストランを導入。朝、最上階の景色を眺めながら目玉焼きとトースト、コーヒーを気軽に楽しめたら、忙しいビジネスパーソンにとってこれ以上ない一日のスタートが切れますよね!

もちろんカンボジアで充実した生活を送るうえで、安全の確保は最優先事項です。これまでのセキュリティチームによる24時間の防犯・防災体制は継続しつつ、居住者の健康と緊急医療のケアのために24時間体制のナースステーションも設置します。これはカンボジア初の試みです。

とにかく、お客さまを「なんだこれ!」「こんなの見たことない!」と驚かせたい。そして、ここに住むことがカンボジアでの成功の象徴になるくらいの建物にしたい。

私自身もワクワクしながら、マンハッタンの最高級コンドミニアムに負けない設備やサービスをフルパッケージで詰め込みました。

最適な用地が見つかり、実現に向け一歩前進

もちろん再三お伝えしている「立地」にもこだわっています。

これまでの実績から、カンボジアの不動産投資で勝てる立地は「ＢＫＫ１」のみ。それ以外に選択肢はありません。今回のＪタワー3でも迷うことなくＢＫＫ１エリアに照準を絞り、用地探しに乗り出しました。

地元の役所ともやり取りしているうちに、同エリア内に好立地が見つかりました。ところが、以前から親しくしている役所の職員が内々に耳打ちしてくれます。

「タニさん、ここはやめたほうがいいよ。本当は言えないんだけど、この付近で40階建て以上の建物の申請が20件も出ている。将来、絶対に眺望の問題で売れ行きが悪くなるよ……」

不動産ではアドレスは重要です。ＢＫＫ１というアドレスにはこだわりたかったのですが、名より実を取る、完成してからの周辺環境を重視することにして別の候補地を当たることにしました。

すると、ＢＫＫ１から道路１本隔てた南側に、一団の大きな土地があります。近くにはスターバックスや地元で人気のコーヒーチェーン「ブラウンカフェ」もあって雰囲気も悪くない。社員に地権者との接触を指示したところ、次のような報告がありました。

「地権者と話したのですが、『中国系のディベロッパーから申し出があったが、中国人は信用しない』と。『日本人が来てくれてありがとう』と言っていました」

おっ、なかなかの好感触じゃないか！

実際に現地に行ってみると、眺望はまったく問題なし。ただ、気になるのは近隣に１０００平米のまとまった土地があること。あそこにドーンと高層ビルを建てられたらせっかくの眺望が台無しだな……。そう懸念していたのですが「あそこには学校が建つ予定です」との情報が。よっしゃ！ ということで安心してゴーサインを出しました。こうして用地も無事に確保でき、Ｊタワー3プロジェクトは実現に向けて一歩前進しました。

320メートル級の「スーパートール」をプノンペンに！

今回のＪタワー3でこだわったのは、なんといっても「高さ」です。カンボジアの発展と威信の象徴となるような、同国で最高層のコンドミニアムを目指しました。

もちろんビジネス的には、高層階にして容積率を上げることで1部屋当たりの価格をお求めやすくできるメリットがあります。ただ、それ以上に居住する方には、ここに住むことに誇りを感じてほしい、というのがいちばんの目的です。それこそ日本の麻布台ヒルズにも負けない、320メートル級の高層タワーをここプノンペンに実現しよう、と意気込みました。

これまでに前例のない高層建築プロジェクトだけに、実はカンボジア政府（国土開発

Jタワー 3　77階
世界で最も高いインフィニティスカイプールとスカイバー

省）との協議も、Jタワー2を建設中の2021年末からスタートしていました。

国土開発省の役人いわく「69階までは大臣（国土開発大臣）の許可でOKだ」とのこと。70階からは首相の許可に決裁区分が変わるそうです。「首相の許可というのはめんどくさそうやな……69階でもええかな？」と妥協しかけていたところ、部下の社員が持ってきた計画案を見てビックリ。えっ、「77階」！

「カンボジアでは7がラッキーナンバーです。ダメもとで申請しておきましょう！」

おいおい、77階なんてムチャ言うなよ……。こんなのが通るのか？　とさすがの私も及び腰になってしまいました。

それでも社員の熱意に背中を押されて建設許可・開発許可の申請を出してみたものの、案の定、役所は慎重な姿勢を見せてきます。内々に聞いてみると、中では「推進派と反対派が半々に分かれている」とのことです。

「街の中心地にこんなどデカいものを建てるな！」というのが反対派の主張。BKKでなく郊外で建ててくれよ、と言うのです。それでも私は「いやいや、プノンペンのど真ん中でやるからこそ意味があるんですよ」と応戦します。しばらく協議は平行線をたどり、なかなか前に進みませんでした。

たった5分で首相の許可が下りた！

ところが意外なところから追い風が吹きました。

ちょうど同じ頃、日本の在阪テレビ局から、「谷さんのことを2カ月間、密着で取材したい」と依頼を受けたのです。そのテレビ局との打ち合わせで、ディレクターにカンボジア政府の建設許可の話をすると、「ぜひその許可をもらえるシーンを撮らせてください！」と言われました。

よし、このチャンスを利用させてもらおう――私はカンボジア政府の役人を相手にちょっとした小芝居を打つことにしました。

「実は、日本のテレビ局がこのプロジェクトを取材したいと言っています。このテレビ局は日本の大手新聞社の子会社で、日本の新聞にもドーンと紹介されますよ。カンボジアの発展を日本の皆さんに知ってもらうまたとない機会ですから、8月の10日までにライセンスをいただけませんか？　検査書とか調査は後で必ず提出しますから」

えっ、日本のテレビ局が取材に？　いつもの冷静な役人が目を丸くし、大変前向きに考えていただきました。これを機に、風向きが大きく変わります。数日後、カンボジア政府から次のような連絡がありました。

「今度、大臣が首相にこのプロジェクトの説明をすることになった。ついてはプレゼン用の動画と資料を用意していただきたい」

よっしゃ！　動いた！

私たちはさっそく分厚い説明資料とプレゼン用の動画、ボードを作成し、役所に持っていきました。

2023年7月5日、国土開発大臣がフン・セン首相にプロジェクトを説明。その日の夜、懇意にしている販売会社の社長や顧問弁護士と会食をしている最中に、ポケットの携帯電話が鳴りました。

「社長、フン・セン首相の承諾が取れたそうです！」

やったー！　思わず会食中にもかかわらず、私はサッカー日本代表がゴールを決めた瞬間のようにそのテーブルにいた人たちとハイタッチを交わし、喜びを分かち合いました。

首相の承諾が下りたとたんに、これまで役人たちと押し問答を続けていたのがウソのようなスピードで物事がトントンと決まっていきました。こうして、Ｊタワー3のプロジェクトは無事、カンボジア政府の公認を得たのです。

ちなみに、首相が大臣の説明を聞いてからサインをするまでの時間はたったの5分だったそうです。なんというスピード感！　後から聞いたところでは、過去9年間（当時）のプロジェクトで工事遅延や建設事故がまったくないという、安全管理も含めたこれまでの施工実績が評価されたとのことでした。

「この10年間、成功している日系企業の開発プロジェクトは、本国のみならず東南アジアでもほとんどありません。タニさんのところは数少ない成功事例といえる唯一の日系プロジェクトです」

　さすが政府の役人はよくリサーチしていて、タイなど東南アジア諸国でのプロジェクトのほとんどがうまく進捗していない実態を知っていました。だからこそ判断が慎重になったといえますが、それだけに私たちのこれまでの遅延ゼロ・事故ゼロの実績を重視し、信頼を置いてくれたのでしょう。


　ネットなどの書き込みでは「谷がカンボジアの高官たちにお金をばら撒いた」などと吹聴している人がいます。

　ちょっと待ってください！　私はフン・セン前首相にもフン・マネット首相にも一度もお会いしたことがないのです。そもそも、公共工事と違って100％民間資金のプロジェクトです。自分で買った土地で自分の建物を建てるのにどうしてお金をばら撒く必要があるのですか？　無責任にデマを書き込んでいる人たちにはもう少し勉強してもらいたいところです。

カンボジア王国公認のビッグプロジェクト、ついに始動

2023年8月7日。私は、国土開発省の大臣室にいました。この日、タワーコンドミニアムプロジェクト・Jタワー3の建設許可・開発許可の許可証が、カンボジア政府から「TANICHU ASSETMENT」へと手渡されました。

高さ320メートル・77階建て。カンボジアではもちろん1位、東南アジアでも8位（2023年8月現在）の高さで、日本のあべのハルカス（300メートル）や麻布台ヒルズ（330メートル）とも肩を並べる、まさに「スーパートール」級の超大型プロジェクトはこの日、正式にカンボジア政府の公認を受けたのです。

同プロジェクトを計画し、政府との協議を開始してから1年と1カ月が経過していました。紆余曲折がありながらも、フン・セン首相をはじめ各大臣、各関係省庁、関係者の皆さまには、このいち外国人のプロジェクトに許可を出すために多方面での調整に尽力していただき、本当に感謝しかありません。

許可証を受け取る際、カンボジア政府高官にかけられた言葉には驚かされました。

「正直、今回のプロジェクトは省庁内では賛否両論がありました。しかし、フン・セン首相が『このプロジェクトは国の経済の大いなる発展につながるので、推進するように』と言ってくれたのです」

さすがは30年前に内乱を終結させ、この国の平和と繁栄を牽引し続けてきた偉大なリーダー！　その目線はどこまでも国の発展を見すえているのだ……と感動で身震いがしました。

同時に、「このプロジェクトでもカンボジア人を怪我させないよう、引き続き細心の注意を払ってプロジェクトを遂行してください」と伝えられ、いっそう身が引き締まりました。

かくして、Jタワー3はカンボジア王国が認めた正式なプロジェクトとして船出しました。しかし、感慨に浸っていられるのもほんの0・1秒の瞬間だけ。これから、完成までの5年間の責任を全うしなければならない。許可証を持つ手には、その重みがひしひしと伝わってきました。

2023年12月27日には、Jタワー3の地鎮祭を建設関係者と販売会社など関係者で執り行い、5年間の建設工事の安全を祈願しました。この日が、実質的な建設工事のスタートです。

Jタワー3の建設現場で、私は我が国の日章旗を掲げることにしました。

実は、他国で自国旗を揚げるのはカンボジア進出以来、11年間控えてきました。しかしこの間、中国系プロジェクトの多くが、さも日系プロジェクトであるかのごとく傍若無人に日章旗を掲げていました。その多くでは工事が停滞し、誰もいない建設現場にはむなしく日章旗がたなびいている。その光景を見るたびに、やり場のない憤りを感じていました。

私たち「TANICHU ASSETMENT」こそ、本物の日系プロジェクトである——どうしてもそれを示したかったのです。青空の下、日章旗とカンボジア国旗が並んで風にはためく姿を見て、今こそジャパンプライドを見せつけるときだ、と私は拳を握りしめました。

24階建てのＪタワー1は日系企業初のタワーコンドミニアムでした。43階建てのＪタワー2は、当時のプノンペンでは最高峰のコンドミニアムでした。

5年後に完成するＪタワー3は、カンボジアでナンバーワンの建築物です。安全対策、品質管理を万全に期して、カンボジアの発展と威信を象徴する建物、アンコールワットの次に知られる建物にしてみせます！

11年前の自分に伝えたいこと

２０２３年8月22日。カンボジアの国民議会（下院）は、フン・セン氏の後継となる新首相としてフン・マネット氏の就任を承認しました。

内戦終結後の混乱期から38年にわたり、カンボジアの首相として同国を平和と繁栄に導いてきたフン・セン氏。そのバトンを、イギリスの大学で経済学博士号を取得し、陸軍司令官も務めた47歳の若きリーダーに託したのです。カンボジアの長い歴史においても大きなエポックメイキングといえるでしょう。

そのフン・マネット新首相は8月24日、首都プノンペンでの初閣議で演説し「平和を維持し、経済成長を実現させる」と強調。2030年までに高中所得国に、2050年までに高所得国となる目標を掲げました。

2030年なら、私は61歳。まだ元気そうだけど、2050年には83歳。はたしてそこまで生きていられるかどうか……（笑）。

世界銀行の区分による中所得国の基準は、1人当たり国民総所得（GNI）が4516ドルから14005ドル。現在、東南アジアにおいてはマレーシア、タイ、インドネシアの3カ国がこのカテゴリーに該当します。カンボジアもあと7年もあれば仲間入りできるでしょう。2050年までに高所得国入りするためには、10000USドルの壁が超えられるかどうかが勝負ですね。

いま建設工事が進んでいるJタワー3は、これからのカンボジアの経済成長の一翼を担いうるものと考えています。

発展途上国から脱出して中所得国に向かう過程で、起業家などの若いビジネスリーダーが次々と台頭し、ビジネスで成功を収めることでしょう。そんな彼らにとって、「このＪタワー３」が成功の象徴となり、「いつかこのＪタワー３に住もう！」と目標となってほしい。そして夢を現実にし、このプノンペンでマンハッタンの最高級コンドミニアムと同クラスの生活を満喫してくれることを願っています。

また、現在プノンペンから南方20キロの場所に新たな空の玄関口となる「テコ・クロン・タクマウ国際空港」が２０２５年初頭の運用開始を目指し、工事が進んでいます（２０２５年１月現在）。

世界各国からカンボジアを訪れる人も、着陸が近づき、機内からプノンペンの街を見下ろして、きっと驚くはずです。

「なんだ？　１棟だけめちゃくちゃ大きい建物があるじゃないか！」

「カンボジアってこんなに発展しているんだ！」

そんな、多くの人にカンボジアの発展を印象づけるランドマークに、Ｊタワー３はなることでしょう。

まさか、自分がこんな３２０メートル超の高層建築プロジェクトを立ち上げるまでになろうとは……11年前、スーツケースを片手に1人でこのカンボジアに降り立った当初は、夢にも思いませんでした。

別段、特別な才覚やスキルがあったわけではありません。一つずつ実績と信頼を積み重ねていった結果、気づいたらこれだけのビッグプロジェクトに挑むところまでたどり着いていたのです。

当時の自分にも伝えてあげたいですね。「日本人の真面目さを発揮すれば、こんなことができるんやで！」と。

どこまでもビジネスマンであり、政治家や慈善活動家ではないので「カンボジアの発展のために貢献しよう」などといった思いで仕事をしているわけではありません。それでも、私たちのビジネスが結果としてのこの国の発展につながってほしい、との思いはもちろんあります。私の会社の従業員も、パートナーである販売会社や建設業者も、そして投資家の皆さんもどんどん儲けて、この国の経済を引っ張っていってほしい。そうなれば、フン首相が宣言した「2050年までに高所得国の仲間入り」も夢物語ではなくなるでしょう。

COLUMN 8

資産なき者は勝たん！

2024年10月。久しぶりに地元の神戸に帰省する機会がありました。

冬支度に入った神戸の街を歩いていると、異様な光景が目に飛び込みました。

大丸のロレックスの前で長い行列ができているのです。聞いてみると、連日、朝から晩まで一日中行列が絶えないそうです。

私自身は腕時計もしないし時計にまったく興味がないので知らなかったのですが、聞くところでは転売目的でロレックスの人気商品を求めているのだとか。

このことを周囲に話すと、「あぁ、知人の知人が300万円くらい儲かったみたいだよ」と言う人もいました。

20代の若い子が起業資金稼ぎでせっせとやっているのなら、頑張っているな！とまだ百歩譲って好意的に見られますが、スーツを着た50代とおぼしきオッサンが長蛇の列に混じっているの見ると、転売ヤーで小遣い稼ぎなどいい歳してやることか？

と情けなくなります。

資産なき者は勝たん！

この神戸での奇異な光景を見て、私はあらためて、この思いを強くしました。株、土地、建物などが値上がりして資産額、含み益が膨らんでいる日本です。「勝ち組」「負け組」という言葉はあまり好きではありませんが、資産のあるなしで勝者、敗者がはっきり分かれているのは厳然たる事実です。

ですからみなさん、頑張って資産を形成していきましょう！

資産形成にいちばん手っ取り早いのは不動産投資です。定期的に家賃収入が入り、値上がり益も期待できます。

確かに不動産投資には難しいことやリスクも少なくないのですが、「勝てる海外不動産投資」のポイントは本書でもひととおりお伝えしたつもりです。

カンボジアでの不動産投資で堅実に、効果的に資産形成し、ロレックスなど、並ばずに外商を呼びつけて買ってやろうではありませんか！

おわりに

私がベンツで駄菓子を運ぶ理由

43階タワーコンドミニアム「Jタワー2」の24階。ここには、日本のお菓子やインスタントラーメンを購入できるミニショップが設けられています。

カルビーのポテトチップス。グリコのポッキー。森永のチロルチョコ。さらには昔懐かしいうまい棒、ベビースターラーメン、よっちゃんいかなどの駄菓子……日本人の私たちにはおなじみのお菓子がずらっと棚に並んでいます。インスタントラーメンは「チキンラーメン」が一番人気です。

これらのお菓子やラーメンは、私が自ら日本で仕入れています。地元・神戸のスーパーを複数回りながら「これにしようかな?」「あっちのお店のほうが安かったかな」などと迷いながら商品を選んでいる時間は楽しいものです。

そうやって買い込んだお菓子やラーメンを、メルセデス・ベンツE500のトランクに積み、40キロリットルのスーツケースにパンパンに詰め、ビジネスクラスでカンボジアまで運んでいます。

渡航費だけで3000ドルはかかっているので、正直、ほとんど儲けになっていません。でも、それでいいのです。入居者の皆さんが「日本のお菓子、美味しいね！」「次は何を置いてくれるのか楽しみです！」と言って笑顔を見せ、心待ちにしてくれるのが何よりうれしいからです。

「あれ？　オレ、もしかしたら、このために働いているんちゃうかな……？」

ある日、ふと気づきました。

10年以上にわたってカンボジアで不動産事業に携わってきた私ですが、それまでは「自分は何のために仕事をしているのか？」という問いに明確に答えられずにいました。

慈善団体や政府の役人ではないから「カンボジアの平和と発展のために」などと崇高な理念を掲げるなどおこがましい。ビジネス上の目標数値はもちろんあるけど、その先にある目的とは？「儲ける」以外になにがあるのか……？

でも、わかったのです。お客さまをあっと言わせたい。喜ばせたい。その一心で、自分はカンボジアの不動産事業をやっていいのだ、と。

いま建設を進めている「Jタワー3」も、もともとプロジェクトを立ち上げたきっかけは、Jタワー2を購入いただいた投資家の皆さんからの期待の声でした。

そんなに期待してくれるのなら、次のプロジェクトではその期待を大きく上回ってやろう。高さはカンボジア初の320メートル級の「スーパートール」だ。日本式の大浴場も、ボウリング場もカラオケもつけちゃおう。ナースステーションも……と、次々に妄想がふくらんでいったのです。

この「お客さまを驚かせる、喜ばせる」ことには終わりがありません。本書でも触れたように、Jタワー2の完成後もコストを投じてスカイプールにウッドデッキを張ったり、温水プールを導入したりしています。もちろん資産価値の維持・向上というビジネス上の意図はあるのですが、「入居者の方に快適なコンドミニアム生活をご提供したい」という気持ちが先にあるからです。

「このコンドミニアム、すごいでしょ？　最上階からの眺めも絶景で、さらにバーもプールもあって……」

時折、入居者の方が友達を案内しながらそう自慢している姿を見ると、「あ、この仕事は成功したんだな」と初めて思えます。

本書でさんざん「投資は勝たなければならない」と言ってきた私です。「キレイごとを言うんじゃないよ！」と思うでしょうか……？

いえ、決して矛盾していません。お菓子を選ぶのも、３２０メートル級のコンドミニアムを建設するのも、思いのベクトルは同じ。投資家や入居者などお客さまが喜んでくれることを、とことん追求する。そのことが不動産としての価値を高め、完成後も品質を落とさず、高利回りを実現するのです。「お客さまのために」キレイごとではなく、その思いこそが「勝てる不動産投資」の根幹をなしているのです。

次は、どんな日本のお菓子を皆さんに紹介しようかな？――今日も私は、神戸市内のスーパーでお菓子を買い込み、ベンツのトランクに詰め込んでいます。

参考文献

- 『-実録- 勝つためのカンボジア投資』（谷俊二・著／幻冬舎）
- 「カンボジア不動産ブログ」
  https://jtani.com/?p= 26151
- 「カンボジア不動産チャンネル」
  https://www.youtube.com/@cambodia_hudousan
- 国際通貨基金（ＩＭＦ）「World Economic Outlook Databases」
  https://www.imf.org/en/Publications/SPROLLS/world-economic-outlook-databases
- ＪＣＩ ＬＡＢ「【カンボジア平均年齢】カンボジアの魅力と課題‐若い国の真実」
  https://jci-lab.com/archives/column/ 029
- 外務省「カンボジア王国（Kingdom of Cambodia）基礎データ」
  https://www.mofa.go.jp/mofaj/area/cambodia/data.html
- Data Commons「カンボジア の １ 人あたりの国内総生産」
  https://datacommons.org/place/country/KHM?hl=ja
- 経済産業省「医療国際展開カントリーレポート新興国等のヘルスケア市場環境に関する基本情報 カンボジア編」
  https://www.meti.go.jp/policy/mono_info_service/healthcare/iryou/downloadfiles/pdf/countryreport_Cambodia.pdf
- センチュリー21富士リアルティカンボジア カンボジア不動産ブログ「PPCB BANKに口座開設に行ってきました（体験記）」
  https://cambodia.fujic 21.com/ppcb-bank-how-to-open/
- CAMBODIA BUSINESS PARTNERS『分離発注で見つけた建設労働者の真の姿、「彼らに夢を与えなければ」［建設・内装］ 谷俊二』
  https://business-partners.asia/cambodia/wp/industry/tanichu- 05- 1/
- 北斗の拳 OFFICIAL WEB CITE「北斗の拳生誕30周年記念特別インタビュー北斗語り」vol 01 武論尊
  https://hokuto-no-ken.jp/hokutogatari/interview 01- 01
- 公益社団法人 日本国際問題研究所「カンボジアの悲劇を生んだ国際的背景―ポル・ポト裁判の今日的意味を考える―」
  https://www.jiia.or.jp/column/column- 105.html
- ヒューライツ大阪「国際人権ひろば」No・51「カンボジアの再生とポルポト裁判」
  https://www.jiia.or.jp/column/column- 105.html
- 外務省「クメール・ルージュ裁判の終結について（外務大臣談話）」
  https://www.mofa.go.jp/mofaj/press/danwa/page 6_ 000666_ 00004.html
- 映画・ＣＯＭ「キリング・フィールド」
  https://eiga.com/movie/ 43860/
- 内閣府 国際平和協力本部事務局「カンボジア」
  https://www.cao.go.jp/pko/pko_j/result/cambo/cambo 01.html
- 外務省「平成12年度経済協力評価報告書」
  https://www.mofa.go.jp/mofaj/gaiko/oda/shiryo/hyouka/kunibetu/gai/h 12gai/h 12gai 030.html
- 内閣府国際平和協力本部事務局「カンボジア国際平和協力業務（１９９２（平成４）年～１９９３（平成５）年）」
  https://www.cao.go.jp/pko/pko_j/result/cambo/cambo 02.html
- 外務省「２００９年版 政府開発援助（ＯＤＡ）白書 日本の国際協力」
  https://www.mofa.go.jp/mofaj/gaiko/oda/shiryo/hakusyo/ 09_hakusho/column/column 08.html

- 厚生労働省「令和２年版 厚生労働白書」図表１−２−１　平均寿命の推移
  https://www.mhlw.go.jp/stf/wp/hakusyo/kousei/19/backdata/01-01-02-01.html
- populationpyramid.net
  https://www.populationpyramid.net/
- 国際貿易振興機構（ＪＥＴＲＯ）「カンボジアの貿易投資年報」
  https://www.jetro.go.jp/world/asia/kh/gtir/
- カンボジア進出ガイド「カンボジア国立銀行、単一のＫＨＱＲでリエルの普及を計画」
  https://advance-in-cambodia.com/?p=4583
- NIKKEI Asia「Cambodia chalks up 10m Bakong digital currency accounts」
  https://asia.nikkei.com/Business/Technology/Cambodia-chalks-up-10m-Bakong-digital-currency-accounts
- 伊藤みずき「カンボジア法制度整備支援の歩み」（法務省）
  https://www.moj.go.jp/content/001352444.pdf
- 日本記者クラブ「カンボジア・ヒルズ（赤間　清広）２００８年２月」
  https://www.jnpc.or.jp/journal/interviews/12003
- CAMBODIA BUSINESS PARTNERS「10年の時を経てゴールドタワー42の建設再開　カンボジア［経済］」
  https://business-partners.asia/cambodia/keizai-20180201-gt/
- カンボジ屋さん「建設開始から19年…プノンペンのゴールデン42タワーは完成するのか?」
  https://tameninaru-info.com/cambodia/life/19-years-after-construction-began-will-phnom-penhs-golden-42-tower-be-completed
- 三菱地所「丸の内の挑戦と軌跡」
  https://office.mec.co.jp/area/history.html
- 外務省「海外における対日世論調査」
  https://www.mofa.go.jp/mofaj/gaiko/culture/pr/yoron.html
- 協同組合グローバルリンク
  http://globallink.or.jp/union/results/
- ＪＩＣＡ海外協力隊の世界日記「カンボジア便り」
  https://world-diary.jica.go.jp/JICA_Cambodia/cat2567/post.php
- クローマーマガジン「カンボジアの宗教」
  https://krorma.com/cambodia/religion/
- キネマ旬報ＷＥＢ『「ワンス・アンド・フォーエバー」のストーリー』
  https://www.kinejun.com/cinema/story/33572
- 外務省「設備と人材をつなぎ安全な水を届ける～ 北九州市上下水道局によるカンボジアへの支援～」
  https://www.mofa.go.jp/mofaj/gaiko/oda/shiryo/hakusyo/13_hakusho/column/column04.html
- 北九州市上下水道海外プロジェクト
  https://kitaq-water-intl.jp/city/water/
- 不動産投資新聞『中国不動産市場は下落が止まらず「半減」の危機…政府の「切り札」政策も不発のワケ』
  https://www.rakumachi.jp/news/column/344135
- 明治安田総合研究所『需要ピークアウトで価格下落が続く中国不動産市場』（経済調査部 エコノミスト 木村彩月）
  https://www.myri.co.jp/viewpdf.php?id=a1ae29fac3037dc7f6c1be81262e95fc4ad0368ffc7d23e1b77dc62996cba44af6a629f981537fc5ac8ab4d3752183eb4a9327c3bc3235a8eb7087769691e84ae4ea34a097496a91f4cbbdd07c22c4fd1ddb36dca92776b4e479c67893c8a44cf5fd7ff6c30327dbe79de8c77e729bf510906ddbfa7f6064058f1db1481b5892741fb72079a7a6762b1a0d6da69b30f61fd363dffb1aa63f28fa6ea613454acc1c09fc5759

d9c64e72653e03d3a247509406ed702ec7f7620e86db6b939be512ea&tmp=1715018595
- カンボジ屋さん「【カンボジア不動産投資】日本人も所有できる!? カンボジア不動産の所有権4種類をまとめて解説!!」
https://tameninaru-info.com/cambodia/real-estate/understanding-property-titles-in-cambodia#google_vignette
- 国際貿易振興機構（ＪＥＴＲＯ）「カンボジア営業ライセンスマニュアル」
https://www.jetro.go.jp/ext_images/world/asia/kh/law/pdf/201803_1.pdf
- CAMBODIA BUSINESS PARTNERS「世界で最も住みたいネイチャー・シティの実現へ」
https://business-partners.asia/cambodia/a2a-06/
- SmartFLASH『強制退学の元学生がカンボジア「キリロム工科大学」を提訴』
https://smart-flash.jp/sociopolitics/104090/1/1/
- 国際貿易振興機構（ＪＥＴＲＯ）ビジネス短信「インドネシアが上位中所得国入り」
https://www.jetro.go.jp/biznews/2020/07/c264c2bdfb2cb36d.html
- 独立行政法人国際協力機構（ＪＩＣＡ）「カンボジア国ＪＩＣＡ国別分析ペーパー」
https://www.jica.go.jp/overseas/cambodia/__icsFiles/afieldfile/2025/01/21/.pdf
- 髙橋洋一『なぜ「日本の名目ＧＤＰ」は停滞を続けるのか？この国の経済にかけられた「２つの呪縛」の正体』（現代ビジネス）
https://gendai.media/articles/-/134605
- 「世界の空港貨物量ランキングの過去５年間を比較」（大谷シッピング）
https://www.ohyashipping.net/transportation/article84/
- Suzanne Rowan Kelleher「空港旅客数ランキング、羽田空港は世界５位　アジアが躍進」（Forbes JAPAN）
- 神戸市「神戸港大観」
https://www.city.kobe.lg.jp/documents/58805/taikan2022_corrected.pdf
- 「日本支援のカンボジア港、能力５倍に　イオンなど進出」（日本経済新聞）

著者略歴

谷 俊二

Shunji Tani

1967年生まれ。大学卒業後、野村證券勤務を経て、現TANICHU ASSETMENT Co.,Ltd. CEO。日本、カンボジア両国で不動産業・投資を営み、カンボジア不動産開発の日系第一人者。首都プノンペンの中心地でプロデュース・建設した日系初分譲タワーコンドミニアム「J-Tower」は、わずか5週間で完売。現在は同じくプノンペンに320m級 77階建てのシンボル物件「J-Tower3 (2028年完成予定)」を建設中。

続・勝つためのカンボジア投資〈完全版〉

単行本版に掲載できなかった原稿を
電子書籍でご購読頂けます。

続《ぞく》・勝《か》つためのカンボジア投資《とうし》

2025年 3 月14日　初版第1刷発行

著　者　谷 俊二
発行者　香月 登
発　行　株式会社金風舎
〒160-0022 東京都新宿区新宿２丁目４番６号
フォーシーズンビルアネックス７階
TEL　03-3353-5178
編集　相澤洋美／石田佑典（デジカル）
編集協力　堀尾大悟
デザイン　八木麻祐子（Isshiki）
制作　株式会社デジカル
印刷・製本　昭和情報プロセス株式会社

ISBN 978-4-910491-19-6　C0033